给祖父母的育孙课

—— 周晓丹 ——

编著

吉林文史出版社
JILIN WENSHI CHUBANSHE

图书在版编目（CIP）数据

给祖父母的育孙课 / 周晓丹编著. — 长春 : 吉林文史出版社，2024.4

ISBN 978-7-5752-0202-2

Ⅰ.①给… Ⅱ.①周… Ⅲ.①家庭教育 Ⅳ.①G78

中国国家版本馆CIP数据核字(2024)第089661号

给祖父母的育孙课
GEI ZUFUMU DE YUSUN KE

出 版 人　张　强
编　　著　周晓丹
责任编辑　钟　杉
封面设计　韩海静
出版发行　吉林文史出版社
地　　址　长春市净月区福祉大路5788号 邮编：130117
电　　话　0431-81629357
印　　刷　三河市南阳印刷有限公司
开　　本　670mm×960mm　　1/16
印　　张　14
字　　数　140千
版　　次　2024年4月第1版
印　　次　2024年4月第1次印刷
书　　号　ISBN 978-7-5752-0202-2
定　　价　59.00元

前言

孩子的健康成长和家庭教育息息相关，而随着时代的发展，隔代教育已经成为家庭教育的一项重要内容。如今很多年轻父母因为工作、经济状况、婚姻等各方面原因，无法全身心地去照顾孩子的生活和学习，便把教养孩子的责任交给家中长辈。

不管祖辈是出于心疼晚辈而主动接受教养孩子的任务，还是迫于晚辈施加的"压力"被动接受，抑或只是从旁协助育儿，既然祖辈已经参与了孩子教育的问题，就要学着用科学有效的方法来助力孩子的健康成长。

其实，祖辈在教养孩子方面是有很多优势的，例如，祖父母已经养大了自己的孩子，那么在养育孙辈上就拥有了更丰富的经验，尤其在照顾孩子的日常生活上会更加得心应手；很多祖父母相比工作繁忙的年轻父母有着更多的时间和精力，而且对待孩子也更加有耐心，再加上"隔辈亲"的原因，所以在对待孩子时，祖父母的情绪会相对平和；另外，祖父母在照顾孩子方面会更加尽心尽力，也会在情感上和生活上给孩子安全感，这是保姆和育儿机构无法做到的，尤其是对一些单亲家庭的孩子或者留守儿童而言，祖父母在填补家庭空缺上起到了重要作用。

当然，隔代教育也存在弊端，比如，很多老人思想观念陈旧迂腐，与飞速发展的时代潮流格格不入，无意中就会有一些"老观念"和老陋习影响孩子；祖父母很容易对孩子溺爱和纵容，更怕孩子摔了、碰了，并不是很了解孩子好奇心重、精力旺盛、爱玩儿、爱冒险、喜爱探索等心理特点，常常出于保护的目的限制孩子的一些行为，却忽视了孩子正常的成长需求；另外，老人受自身年龄、知识、固有习惯、性格等方面的限制，可能会对孩子的心理发展和习惯养成等方面产生极大的影响；隔代教育会让孩子缺少与父母的沟通和交流，造成孩子亲情上的缺失，进而影响其习惯的养成以及心理健康。

著名教育家陶行知先生曾说过："教人要从小教起。幼儿比如幼苗，培养得宜，方能发芽滋长，否则幼年受了损伤，即不夭折，也难成材。"为了帮助祖父母更好地将孩子养育成才，本书从"智慧教导不溺爱、尊重支持不越位、科学育孙不脱节、温柔教养不打骂、耐心引导不急躁、正面管教不放任"六个方面进行全面科学而又细致的讲述，希望能给予迷茫中的祖父母一定的帮助。

目录

第 3 章　科学育孙不脱节
——紧跟时代步伐，更新教育观念

第 6 章 ▶ 正面管教不放任
——破解教育难题，养出杰出孩子

第 **1** 章

智慧教导不溺爱

——别让"隔代爱"变成"隔代害"

包办代替：事事包办，不如事事不管

情景再现

奇奇早上醒来，哭闹着让爷爷给他穿衣服，这时候——

 ❌

"乖孙儿别哭，爷爷给穿！"于是，爷爷给孙子穿好了衣服鞋袜。

 ✅

"你已经是大孩子了，要学会自己的事情自己做，如果你不知道怎么穿衣服，爷爷可以在一旁教你。"

不能因为心疼孙辈就对孩子的事情大包大揽，甚至一味纵容他们，要让孩子从小学会独立。

中国的祖父母总把自己的后辈当成小孩子，无论是三岁、十三岁，还是三十岁、四十岁，在他们眼中永远是孩子，他们心甘情愿地去"包办"孩子的事情，甚至"纵容"他们一切不合理的行为和习惯，殊不知，这样做会害了孩子。

很多老人认为孩子还小，行动能力太差，不是衣服不会穿，就是鞋带不会系，吃饭更是撒得到处都是……于是，本该孩子自己做的事情，爷爷奶奶都替他们做了，导致孩子的自理能力越来越差，做什么事情都喜欢依赖别人。不仅如此，过度纵容他们的不良行为习惯，也会对孩子的性格养成造成极坏的影响。

大铭已经是个小学生了，但是每天起床时，还是让奶奶帮他找衣服、穿衣服、系鞋带。吃饭的时候，奶奶也是一口接一口地喂他。

"妈，他都已经这么大了，以后让他自己穿衣服、吃饭，你这样喂，得喂到什么时候？"大铭的爸爸实在看不惯，有时就会让儿子自己的事情自己做。

可每当这时，奶奶就会站出来反驳说："他才多大个人，你就让他做这做那的，孩子学习都已经很辛苦了，这点儿小事我帮他做怎么了？"

不仅如此，大铭还特别喜欢玩儿手机，有时候一玩儿就是两三个小时，爸爸妈妈气不过就会把手机要回来，这时候大铭就会又哭又闹，甚至还会绝食抗议。每当这时候，奶奶就会很心疼，看不得自己的孙子受委屈。她会把大铭叫到自己的房间，然后偷偷地给他玩儿她的智能手机，若是被儿子、儿媳妇发现了，她就会说："小孩子，玩儿一会儿，不碍事的！"

相比很多同龄的孩子，大铭似乎很多事情都不会做，自理能力很差，而且性格也较自私、任性，大家也都不愿意和他交朋友。而且因为过度玩儿手机，他的眼睛早早就近视了。

　　像大铭这样的孩子并不少见，而像大铭奶奶这样对孩子的事情"包办"和"纵容"的长辈同样很多，以至于使孩子习惯了衣来伸手、饭来张口，让他们变得过于自我，不但容易养成任性、骄纵和自私的不良性格，还一定程度上阻碍了其独立能力和学习能力的培养和发展，更会抹杀孩子的好奇心、探索精神和创新能力。

　　中国有句古话叫："父母之爱子，则为之计深远。"而对孩子的爱，祖父母丝毫不比爸爸妈妈少，甚至有过之而无不及，但也正因如此，我们不能让"隔辈亲"的这种爱变成日后捆绑孩子的枷锁，我们要教会孩子飞翔的能力，而不是替他飞。

现在相比较于工作繁忙为了生活奔波的爸爸妈妈们，祖父母与孩子待在一起的时间更长，对孩子的教育也起到更加关键的作用，丰富的人生阅历和经验，以及充足的时间和耐心，是爷爷奶奶教育孙辈的优势，但包办一切、疼爱过度、不忍心孩子受委屈、过于纵容也是极大的劣势。

因此，在隔代教育问题中，我们一定要拒绝"包办"和"纵容"，要学会适当地放手，更要相信孩子的克制力和处理事情的能力。

给祖父母的育孙建议

祖父母在教育孩子的时候，一定要学着"心狠"一些，让孩子尽早学会自己的事情自己做，平时鼓励他帮忙做一些力所能及的家务劳动。在父母教育孩子的时候，祖父母不要急着冲出来做孩子的"靠山"，此时可以适当地避开。平时也要限制孩子的无理要求，不该买的东西不要买，不妥的行为要合理制止，比如不要长时间观看电视、手机等。同时祖父母还要学会放手，让孩子勇敢面对自己的问题和责任，要相信他有独立处理事情的能力。

轻易满足：对孩子最可怕的溺爱

周末，梦梦在公园看上了另一个小女孩的脚踏车，闹着让奶奶给她买，于是——

❌

"买，只要我家梦梦喜欢的，无论多贵奶奶都给买。"说着，奶奶就带着梦梦去了附近的商场。

✅

"你不能看到什么都要买，再说家里已经有了车子，不需要再买一辆。"奶奶拒绝了梦梦的要求。

"隔辈亲"让老人很容易满足孩子的要求，但这样的做法，只会让孩子变得"得寸进尺"，不懂珍惜。

中国大多数的老一辈都是从艰苦的环境中走过来的，或许正因为自己曾经吃过苦，所以很多祖父母宁肯苦自己也绝不苦孩子，于是在教育孩子的过程中，就会时常出现这样一种现象：只要是孩子要求的，无论是合理的还是不合理的，爷爷奶奶总会轻易满足。

小伦从小跟着爷爷奶奶一起长大，只要是他想要的，爷爷奶奶总会第一时间让他得到。

这天，小伦见到有同学戴了一块电子手表，回到家就让爷爷也给他买一块。以前小伦要的东西，爷爷还有经济能力给他买，但爷爷觉得这款电子手表太贵了，就和他商量买个便宜些的款式。但小伦不依不饶，还哭着说，不给他买，他就再也不吃饭了。吓得爷爷立即带着他去买了。可没过多久，小伦见别人有电动滑板车，也让爷爷给他买，还说不给他买，就从楼上跳下去，最后爷爷也妥协了。

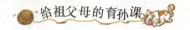

　　对于孩子来说，任何一种不良的行为和习惯，都是在他成长过程中被影响、被助长起来的，而轻易满足孩子的所有需求，孩子要什么就给他什么，只会让他变得索求无度，提出一次比一次过分的要求。而且对于到手的一切东西，他都认为可以轻而易举获得，从而不懂得珍惜。

　　另外，轻易满足孩子，还会养成他自私骄纵、目中无人的不良性格，一旦祖父母拒绝了他的某些要求，他可能就会心生怨怼，认为祖父母不爱他了，自然也学不会去体谅长辈的辛苦，这样的孩子在日后的成长过程中的性格也是有缺陷的。

　　所以，长辈在教育孩子的过程中，切忌轻易满足孩子的需求，尤其是那些不合理的需求，否则这种溺爱式教育只会加速毁掉我们的孩子。

给祖父母的育孙建议

　　祖父母要根据实际情况来判断需要采取哪种方式来应对孩子的各种需求，当面对孩子的合理需求时，我们要依据自身经济情况适当满足或延迟满足孩子，或者给孩子设置一些小"障碍"，也可以让他们通过自己的劳动获得相应报酬，继而达到目的。而当面对孩子的不合理要求时，一定要用合适的方式拒绝，不要在孩子因被拒绝而哭闹时对他又打又骂，要学会保护孩子的自尊心，教会他平复负面情绪。

纵容迁就：好孩子是管的，"熊孩子"是惯的

情景再现

这天放学回家，奶奶做好了一桌饭菜，苗苗却倔强地说："我要去吃汉堡包！"这时——

 ❌

"好，奶奶带你去吃汉堡包！"于是，扔下一桌做好的饭菜，奶奶带苗苗出去了。

 ✅

"奶奶已经做好了饭，不吃就浪费了，今天就在家吃饭！"奶奶没有惯着苗苗，坚持留在家里吃饭。

祖父母在教育孩子的过程中，不能一味地纵容迁就孩子，要学会在适当的时候拒绝他们的无理要求。

现实生活中，经常有这样一种现象，父母不允许或者严厉禁止的事情，祖父母因为心疼孩子，就在背后偷偷地纵容甚至帮

助他们去做，久而久之，祖父母就成了能给孩子撑腰的"后台"，父母的管教也就失了效用。

孩子在成长过程中难免会犯各种各样的错误，这时祖父母不能以孩子年纪小为借口或者因心疼就轻易放过他们，如果总是纵容和迁就孩子，孩子就会不停地试探大人的底线，提出更多不合理的要求，行为也会越来越过分，以致犯下更大的错误。要知道，好孩子都是管出来的，而"熊孩子"都是惯出来的。

小达的父母常年在外地工作，把他留在老家由爷爷奶奶照顾。想着孙子自小与父母聚少离多，爷爷奶奶对小达很纵容。

小达十二岁生日这天，爷爷带他去商场买礼物。他喜欢上了一个几千块的智能机器人，爷爷认为太贵，说给他买别的代替。小达不同意，不但在公众场合大吵大闹，还对爷爷动了手。可即便这样，爷爷也不舍得训斥他。

　　祖父母疼爱孙辈本身没有错，但是如果总是纵容迁就孩子，只会让孩子变得不服管教，更加任性而为，甚至做出一些过激的行为，到那时再反思自己的教育方式，就为时已晚了。

　　那些被过度纵容迁就的孩子，都有自己的一套令人无法拒绝的"本领"，比如撒娇讨好、撒泼哭闹，有时更过分，甚至是以伤害别人或伤害自己为手段来达成目的。而如果一再满足其任性的要求，会更加助长孩子的欲望，直到有一天这种欲望彻底毁掉他。

　　作为祖父母我们必须要明白一个道理，你可以迁就和纵容自己的孩子，但社会不会迁就和纵容你的孩子，在爷爷奶奶身边他是"小皇帝""小公主"，但是走出去他就是独立的个体，有自己的问题要处理，而且没人会惯着他、宠着他，如果他还是那么不辨是非、任性，那么现实就会给他好好上一课。

　　因此，我们作为长辈，一定要改变一下自己的教育方式，当孩子提出不合理要求时就要拒绝，不应该纵容迁就的事情一定不要纵容迁就。

给祖父母的育孙建议

　　当孩子对祖父母提出过分要求时，祖父母可以因势利导给孩子讲明拒绝他的理由，让孩子明白为什么会被拒绝。如果他继续无理取闹，那可以"冷"他一段时间，让他明白祖父母的坚持和原则。另外，祖父母可以适当转移孩子的注意力，让他不必"执着"于某一件事情或者某一样东西。

百般袒护：不袒护才是真爱护

情景再现

小伟在外边玩的时候，故意把别人给打了，对方找上门来，这时——

❌

"我家孩子乖得很，是不是你先打我们的？"小伟爷爷先护起了自家孙子。

✓

"打人不对，到底是怎么一回事？"小伟爷爷让小伟给对方道歉，并严厉批评了他。

孩子犯错是难免的，但作为长辈我们要做到不袒护、不兜底，否则只会让他们变得是非不分。

"隔辈亲"让孩子在老人眼里永远都是好的，哪怕孩子的一些行为是错误的，我们也不会在意，甚至习惯性地去袒护自家孩子，违背原则地给他们兜底。

生活中最常见的情况就是父母在批评孩子时，爷爷奶奶在一旁求情袒护，甚至替孩子揽下所有错误，让孩子的父母把怒火转移到自己身上。而面对老人对孩子的袒护，孩子的父母也常常无奈至极。

要知道，祖父母对孩子的袒护，根本不利于孩子形成正确的是非观。以后在面对类似事情时，孩子会变得愈加嚣张和狂妄，根本意识不到自己的错误，更不要说承担责任和明辨是非了。

乐乐是家中独子，家人对他很是宠爱，尤其是奶奶，对他更是百依百顺。这天，奶奶带着乐乐外出办事，排队时，乐乐调皮地去拍别人的屁股，甚至还掀起了前面一位阿姨的裙子。那位阿姨很生气，让奶奶管管乐乐。

可奶奶却说："他只是个小孩子，用得着大惊小怪吗？"

"小时候就掀别人的裙子，长大之后指不定会做什么坏事呢！这时候不管教，以后就会犯下更严重的错误！"那位阿姨毫不客气地说。

奶奶当即就和那位阿姨大吵了起来，还说那位阿姨心思歹毒，故意咒她的孙子，最后撒泼打滚让对方给她和她孙子道歉。

显然，乐乐奶奶的行为是极其错误

的，在孙子犯错的第一时间，她不但没有制止孙子的错误行为，甚至在别人指责时还一味袒护自己的孙子。

犯错并不可怕，可怕的是犯错而不自知。如果你是真正地爱孩子，就要在孩子犯错的时候及时指出，并且帮助他纠正过来，而不是故意给孩子兜底，袒护他们的过错，以至于他们分不清是非对错，做出更加过分、离谱的事情来。

因此，在家庭教育中，当父母教育犯了错的孩子时，作为家中长辈，祖父母不要冲出来袒护，更不要急于插手，而应当在事后帮助孩子认识到他的错误。毕竟在成长过程中，孩子对于自己的所作所为很容易失去准确的判断和认知，而这时面对他们的错误，不兜底、不袒护，培养他们正确的三观，才是祖父母应该做的。

给祖父母的育孙建议

当孩子犯错时，祖父母一定要管住自己兜底的冲动，了解清楚孩子犯错的原因，然后帮助他们及时纠正错误。我们还要注意培养孩子的是非观，告诉他们什么样的行为是正确的，什么样的行为是错误的，而且犯了错就要学会承担后果，必要时可采取一些适当的惩罚手段。同时，我们在纠正孩子错误的时候，也要注意说话和引导的方式，不要当众羞辱孩子，保护孩子的自尊心。

特殊待遇：别把孩子当"祖宗"供

情景再现

爷爷买了草莓，妙妙护着草莓不撒手，这时奶奶走了过来——

❌

"草莓都是妙妙一个人的，其他人都不许吃，这可是宝贝最喜欢吃的！"奶奶不允许家里其他人吃草莓，只让妙妙吃。

✅

"妙妙，你这样可不对，草莓是买来给大家一起吃的，不能你一个人吃独食！"说完，奶奶将草莓分给了每个家人。

长辈不要让孩子在家中"高人一等"。给予孩子特殊待遇，只会养成孩子自私、霸道的性格。

很多人都说，现在养孩子都"颠倒伦常"了，爷爷像孙子，孙子像爷爷，都把孩子当成"祖宗"一样供着，而且事事都以孩子为先，时时处处都对孩子特殊照顾，就怕孩子吃苦受委屈。

比如家里有了什么好吃的、好喝的、好玩的，一定让孩子第一个享受到。每天吃什么饭，也要先问孩子的意见，如果孩子不喜欢吃某一道菜，那家里一定不会做这道菜。孩子喜欢吃什么，祖父母就一定会想方设法地做给他吃。

这样把孩子当"祖宗"一样供着的行为，只会让孩子越来越以自我为中心，长此以往，他们会变得自私、霸道、不懂感恩，而当某一天他们失去这种特殊待遇时，就会产生更多的问题。

云云是家里的小公主，从小到大，爷爷奶奶都是将她捧在手心里，凡事都以她为主，有好吃的也都是给她留着，爷爷奶奶一点儿都舍不得吃。

有一次云云姑姑家的小弟弟来做客，爷爷奶奶拿出家里的零食来招待客人，云云看到之后，生气地夺过来，说道："这

都是我的东西，谁都不给吃！"

爷爷无奈，只得出去买了零食回来，但云云又来抢，还理直气壮地说道："爷爷买的东西都是我的，不许给别人！"

"你已经10岁了，怎么还这么不懂事？"爷爷最后气得没办法，只能怪自己之前太宠着她了。

如果一个孩子在家里做"小祖宗"做惯了，习惯被特殊对待，孩子就会逐渐形成一种错误的意识：所有人都应该围着我转，都应该以我为主。一旦他们踏入社会，或者需要融入集体，就会发现他们在面对困难和压力的时候，都更容易退缩和自卑。

所以，长辈不要把孩子当成"小祖宗"一样宠着，更不用给他们特殊待遇，要让他们明白自己和家里其他人都是一样的。

给祖父母的育孙建议

祖父母不要把孩子放在"第一优先"的特殊位置，要让孩子明白，他和其他家庭成员一样，都拥有平等的选择权和决定权。另外，祖父母要让孩子学会分享，教会他懂得感恩，还要多注意孩子的心理状态，当我们不得不"特殊"对待孩子时，要适当地引导孩子的负面情绪。

大惊小怪：过分关注，让孩子越来越娇气

情景再现

果果在篮球场打球的时候，不小心摔倒了，爷爷着急地走了过去——

❌

"摔哪儿了？是不是很疼？爷爷这就带你去医院！"爷爷惊慌失措地扶着果果去医院。

✅

"男子汉，没关系的，继续打球吧！"爷爷先是查看了果果，发现他并没有受伤，就让他继续打篮球了。

"隔辈亲"让家中长辈总是过于关注孩子，其实这样只会让孩子变得更加娇气。

生活中，我们常常会看到这样一种现象，孩子刚走两步，爷爷奶奶就急着喊道："小心点儿，别摔倒了！"或者孩子刚摸了一下路边的花草，就赶紧阻止道："都是细菌，快回家洗手！"

孩子倒水怕他烫着，孩子搬板凳怕他磕着，这种"大惊小怪"的事情随处可见，而大人这样过度地关注，只会让孩子没安全感，畏手畏脚，更会让孩子在遇到问题时，习惯性地去依赖别人，失去解决问题和独立思考的能力。而且，被过度宠爱和关注的孩子，很容易变得越来越娇气。

昊昊今年13岁，是家中独子，更是爷爷奶奶的"宝贝疙瘩"，爷爷奶奶小心翼翼地护着他长大。

这导致昊昊性格十分内向，什么事情都不敢尝试，体育课上，老师教大家打球，昊昊总是躲着不参加，还说他怕疼。慢慢地，同学也都不愿意和他一起玩了。

后来，因为一些小病小痛，昊昊的爷爷奶奶总是给他请长假，为此昊昊落下了很多功课，学习成绩也不断下降，再后来，昊昊越来越不爱说话了。

经过心理医生的治疗，大家才发现昊昊之所以变成这样，是因为从小家人对他过分关注和溺爱，已经13岁的他遇到事情还像个小孩子似的哭闹不止，平时更是怕疼、怕黑，什么事都要大人陪着一起做。

隔代教育最常见的一个问题，就是长辈在宠爱孩子时容易失控，即便我们明白孩子有些磕碰很正常，遇到的也不是什么大问题，但还是会过度关注和担心，造成孩子无法独立面对自己的困难的局面，导致他们越来越怯懦、胆小和娇气。

著名教育家蒙特梭利曾说过："除非你被孩子邀请，否则永远不要去打扰孩子。"因此，身为长辈，我们要克制自己的过度关注。并不是每一件事情都值得我们大惊小怪，我们要养出坚强、勇敢、乐观的孩子，就要让他在摔摔打打和磕磕绊绊中长大。

给祖父母的育孙建议

孩子的成长需要空间，祖父母需要学着退出孩子的世界，让他学会独立面对遇到的困难，当他需要你的帮助时，你再适当地"出手"和他一起解决问题。祖父母要有稳定坚忍的情绪，在孩子面前要把所有的事情当成平常事来处理，这样孩子在遇到问题时，也会学着你镇定的样子，就不会大惊小怪、手忙脚乱了。

剥夺独立：放手做个"懒"老人

情景再现

曼曼写完作业之后，书桌乱糟糟的，这时奶奶走过来——

❌

"你去玩儿吧，奶奶给你收拾！"于是，奶奶帮曼曼把乱放的书本、铅笔和橡皮收拾好放进了书包。

✅

"写完作业把自己的书桌收拾整洁，自己的事情要自己做！"奶奶让曼曼把自己的东西都收拾好。

适当放手做个"懒"老人，才能让孩子学会自理，培养他们独立自主的能力，让他们学会处理遇到的问题。

祖父母在养育孩子的过程中，总是对孩子的事情特别"勤快"，不是帮着他们穿衣服，喂他们吃饭，就是害怕他们在外边有危险被欺负，要么就是本该是孩子自己做的事情，爷爷奶奶都帮他们做了。结果，孩子缺乏独立性，自理能力变差，很容易变得胆小无能，形成严重的性格缺陷。

多年的教育实践表明，一个孩子的独立能力与家长的"懒惰"是成正比的。也就是说，在教育孩子的过程中，你越是"懒"，越舍得放手，那么你的孩子就会变得越勤快，独立性和自理能力就会越强，反之亦然。

曾经有位天才少年，他自幼就展现出极为惊人的智商，6岁时就学完了中学课程，13岁就上了大学，之后又以出色的成绩进入了中国科学院研究所，开始了硕博连读的学习阶段。只可惜没多久他就被劝退了，原因是他虽然学习能力突出，但生活自理能力极差。

还有一个例子，一个13岁左右的女孩独自出国留学，但是到达目的地之后被机场扣留了，原因是她未满15岁，按照规定是不能独自出行的。但这个女孩自幼是十分独立的，遇到这样的情况，她没有慌乱，也没有立即求助远在祖国的家人。

这时，她淡定地拿出自己的身份证明资料，并和当地警察解释了她独自到异国的原因和目的，就连警察都被她的镇定从容给镇住了。

我们会发现，第一位天才少年是被家人溺爱着长大的，因为他学习成绩好，所以家人从不让他插手别的事情，就连洗衣、吃饭、洗澡等最基本的事情，也都是家人帮他完成的，以至于成年之后，他连基本的生活自理能力都没有。而第二个女孩恰恰相反，大人很少帮她做事情，而是让她自己去尝试、去思考，所以她才越来越独立。

无论是孩子的生活还是学习方面，老人都要学会适当地放手，锻炼孩子的基本生活技能。穿衣、吃饭、做家务这些事情，不要总觉得孩子做不好，更不要急着替他们做，也许刚开始的时候，他们会把衣服穿反、把扣子系错，甚至吃饭时撒得到处都是……其实这些都是孩子成长过程中必须要经历的事情，他们会在错误中积累经验教训，渐渐地，他们就能得心应手地处理遇到的问题了。

很多老人都说带孩子累，没有一点儿空闲的时间，这往往就是因为我们太"勤快",把孩子的事情当成自己的事情去做了。你应当学会"懒"一些,凡是应该孩子自己做的事情,你就放开手让他独立去做。

只有让孩子学着自己的事情自己做,在遇到问题的时候,他才会主动地去思考和应对,哪怕他一开始做得不够好,我们也不要急着批评、指责他,而是应当引导他找出解决问题的正确方法,很快你就会发现,孩子变得独立、有担当了。

给祖父母的育孙建议

当孩子遇到麻烦时,祖父母不要急着上前帮孩子解决问题,而应该让他自己尝试着去解决。平时生活中,也不要什么家务活都不让孩子做,可以分派一些具体的家务劳动让他完成。在适当的时候,祖父母可以在孩子面前示弱,让他们帮忙去做一些事情,渐渐地孩子就会变得勤快、独立起来。

祈求央告：不用"哄"的方式教育孩子

情景再现

奶奶做好了饭菜，但是小远还窝在沙发里看电视。奶奶叫他吃饭，他说他不饿，这时——

❌

"我的小乖乖，你多少吃一点儿饭。你好好吃饭，奶奶等会儿给你买玩具，快吃点儿！"奶奶哄着小远说道。

✅

"现在是吃饭时间，把电视关掉，如果你不饿，那就等饿了再吃，但饭会凉的！"奶奶关掉了电视，不再理小远，最后小远还是乖乖坐在饭桌前吃饭了。

祖父母不要用祈求央告的方式"哄"着孩子，你越低姿态，他就越强势，同时祖父母也失了教育孩子的威信。

日常生活中我们常见的一种现象是，孩子在父母面前很守规矩，但是在爷爷奶奶或者姥爷姥姥面前却任性胡闹。孩子为什么会"看人下菜碟"？为什么在祖父母面前他们敢"无所顾忌"？因为孩子心里清楚，长辈会哄着他们、求着他们去做一些事情，而不会用非常严厉的手段对待他们。

美美从小就很喜欢穿漂亮的裙子，爷爷奶奶也很宠她，只要她想要的裙子都会想办法给她买。上了小学之后，美美嫌弃学校的校服裙不漂亮，非要让奶奶在裙子下面缝上长长的蕾丝花边，可这是学校不允许的。

奶奶对她说尽了好话，答应她只要穿着正规的校服裙去学校，周末就给她买她之前相中的那条紫色裙子。可是美美却不依不饶，哭着对奶奶说，如果不答应她，她就要离家出走。

从小到大爷爷奶奶都是惯着美美，需要孩子去完成某件事情时，爷爷奶奶也总是用祈求央告的方式，久而久之，美美变得"蹬鼻子上脸"，根本不把爷爷奶奶放在眼里。

虽然老人在养育孩子方面有一定的经验，但是面对自己的儿女和面对自己的孙辈，老人的表现时常是不一样的，"隔辈亲"反而让老人在面对孙辈时"失了方寸"，认为只要孩子能多吃点儿饭、好好睡觉、少惹一些麻烦或者不出去乱跑，哄着他们一些又有什么关系呢？只要目的达成了，过程根本不重要。

其实，当你用祈求的态度去哄着孩子做事的时候，就是把"主动权"交给了孩子，他可以利用这个机会轻易地达成目的，有时候这个目的可能是多看一会儿电视或手机，也可能是得到想要的玩具或衣服、鞋子，直到他们的要求越来越过分。

因此，祖父母不要用"哄"的方式教育孩子，更不要在孩子面前放低姿态，必须要让他明白一件事情的主导权是在你的手上，只有这样才能培养出明辨是非的好孩子。

给祖父母的育孙建议

祖父母在孩子面前要摆正自己的位置，不要把孩子当成"王子"和"公主"，更不要把自己当成"奴才"来哄着他们，而是要让孩子明白，某件事情他做与不做的利和弊。比如他不吃饭或者挑食，就会饿肚子或营养不良；如果他好好吃饭就会少生病，等等。另外，在孩子讲条件的时候，祖父母对于合理的要求可以根据实际情况答应，对于不合理的要求一定要坚持立场，不要因孩子的眼泪和"软磨硬泡"而妥协。

过度保护："安全"不是圈养的理由

情景再现

路过室外游乐场的时候，小米见好多孩子在里面玩儿，于是央求奶奶带她进去——

❌

"咱们才不去玩儿呢，灰尘多、细菌多，还危险，奶奶带你回家玩儿！"于是，奶奶拉着一脸失落的小米走开了。

✅

"带你进去玩儿可以，不过玩儿的时候你要注意安全，回家也要好好洗手。"奶奶仔细叮嘱道，小米听后高兴极了。

老人不要总是担心孩子会遇到各种危险，要知道过度保护、把孩子困在所谓的"安全区"才是最可怕的。

爱玩儿是孩子的天性，他们对一切事物都充满着探索欲，还拥有着"初生牛犊不怕虎"的勇气，但是对于老人来说，孩子是

他们的"心头肉",含在嘴里怕化了、捧在手心怕摔了,一想到他们可能会遇到危险,就恨不得把他们揣在兜里时时看护着。

于是时常会有一些老人不让孩子去做他们眼中不安全的事情,甚至把孩子"圈养"起来,哪怕是该属于孩子玩耍的时间,也把他们困在家里,理由是"外面太危险,出去不安全"。

本该释放天性的孩子,因为老人的过度保护而被束缚住了手脚,孩子失去了学会自我保护的机会,导致他们自理能力、社交能力、应变能力变差。

因父母常年在外地工作,8岁的佳桐从3岁开始就跟在奶奶身边生活,奶奶心疼年幼的她远离父母,所以对她一直都很疼爱。小的时候,奶奶怕佳桐磕碰摔倒,总是背着她。担心佳桐出去被别的孩子欺负,奶奶就让她只在自家院子里玩儿。后来,佳桐的父母把她接到他们身边上小学,却发现女儿动手能力很差,连基本的生活自理能力都不具备,都已经上小学的孩子,竟然还要别人给她穿衣服、喂饭。

老师还向佳桐父母反映，她在学校不但不合群，上课也时常注意力不集中，学习能力很差，有时老师提问她，她就低着头不说话，不是哭就是发脾气。最后佳桐更表示不愿意去学校了，父母也没办法，带她去看医生，医生诊断之后得出结论，根源在于佳桐小时候被过度保护。

一个孩子若是被过度保护，就会能力低下。能力差的孩子很容易形成自卑、怯弱、孤僻的性格，日后走上社会也会显得格格不入。

我们不能替孩子消除世上所有的安全隐患，不能因为怕他遇到坏人就不让他出门，不能因为户外活动可能受伤就不让他参加体育锻炼，甚至限制他出行，这样的"安全"其实就是对孩子的束缚。

因此，我们不应以"保护"为由，把孩子圈养在我们认为的"安全"范围内，而是在确保安全的前提下，让他们多和同龄的孩子去玩耍和交往。

给祖父母的育孙建议

祖父母在平时生活中要给孩子锻炼的机会，要根据孩子的实际情况，引导他去做一些力所能及的事情。要鼓励他多和同龄的孩子交往，不要因为担心外边细菌多、危险多，就限制孩子的一些行为，而应当告知他们一些安全知识，引导他们在遇到各种问题时应该如何处理。比如，在外遇到陌生人，不要轻易跟对方走，摸了脏东西要及时洗手等。

坚持原则：这样给娃"立规矩"

情景再现

亮亮每天放学都会看半个小时电视，这天他闹着要多看一会儿，爷爷听后——

❌

"你别哭了，再看一会儿就是了！"爷爷对亮亮妥协了，让他又多看半小时电视。

✅

"我们说好就看半小时电视，不能坏了规矩，把电视关掉吧！"爷爷坚持原则地说道。

在孩子的教育问题上，祖父母一定要懂得坚持原则，否则孩子总会不断突破你的底线。

我们的孩子都是璞玉，后天如何"雕琢"他们就显得尤为重要。试想一下，如果你家的孩子想看多长时间电视就看多长时间电视，想几点睡就几点睡，只要是他自己想做的，用又哭又闹的方式就能让大人妥协同意，那么长此以往，这个孩子就会变得无法管教。

俗话说："没有规矩不成方圆。"祖父母在面对孩子的某些行为时，一定要坚持原则，尝试着给孩子"立规矩"，让他自小在规矩的束缚下长大，这样非常有利于孩子性格、行为和习惯的养成。

也许有些爷爷奶奶会说："我家这个孩子根本做不到，每次跟他说好了只看一小会儿电视、手机，他就会耍赖，管都管不住！"没有孩子天生不服管教，只是在与大人的"斗智斗勇"中，他们不断在试探大人的底线，当他们发现自己用哭闹、撒泼打滚或者耍赖的方式就能达成目的时，那么下次他们还会尝试用这种方法，而没有坚持原则的大人，在孩子面前也就失去了威信。

这天，爷爷奶奶带着刚上小学三年级的孙子烁烁去参加喜宴，因为是周末，来了很多孩子。开席之前，这些孩子大多都拿着手机在那儿看。

烁烁在公众场合并没有乱跑乱吵，也没有看手机，而是小声地和奶奶说着话，这时同样带孩子来的一位长辈看着烁烁称赞道："这孩子可真懂事，你看我家这个和他年纪差不多，一天到晚就知道看手机，我们根本管不住。"

烁烁奶奶笑着回道："我家孩子有时也看手机，不过我们和他有'君子协议',周一到周五是学习时间不能看,到周末的时候,他写完作业可以看半小时电视和半小时手机,每个月执行得好还有奖励,要是他想破坏规则,他爷爷就罚他一个月不能看手机和电视,这孩子一直坚持得很好!"

其实烁烁有时候遇到好看的电视节目或者玩儿手机游戏时也想多看、多玩儿一会儿,但无论是爷爷奶奶还是爸爸妈妈都非常坚持原则地拒绝他,如果他偷偷看,那么接下来的一个月他就真的不能碰电视和手机了,所以烁烁一直都按家里的"君子协议"来执行,因为他知道自己无论采取什么耍赖方式大人都不会妥协,而他只要按照规矩来,最后还能得到"奖励"。

祖父母总是容易对孩子心软和放纵，不是心疼孩子年纪小，就是想着孩子学习压力大，有时也想管好他们，可孩子在他们面前不是撒娇耍赖，就是又哭又闹，于是祖父母放弃了原本应该坚持的原则，对孩子的行为愈加"宽容"起来。

但孩子终有一天要了解社会的规则，他们必须学习如何与别人相处，他们更要懂得一件事情如果做得失去了尺度，会有什么后果，而"立规矩"就是在教他们更好地在这个社会上生存。

所以，祖父母必须让孩子明白不该有的行为不能有，该遵守的规矩必须遵守。

给祖父母的育孙建议

祖父母在给孩子"立规矩"时，一定要有一个明确的信号，比如遵守到校时间，告诉他们磨蹭迟到的后果。祖父母可以给孩子立一些简单易懂、容易遵守的规矩，而且一旦规矩立下来，那么无论何种情况都要遵守，如果孩子"坏了规矩"，那么适当的惩罚一定要及时，让孩子明白，大人不是在和他说着玩儿的，规矩也不是摆设。

第 2 章

尊重支持不越位

——统一教育认识，化解育儿冲突

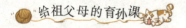

"隔辈亲"不能取代"父母爱"

情景再现

玥儿被父母留在老家跟着爷爷奶奶生活，可每当看到别的孩子有父母陪伴，她就吵着要爸爸妈妈，这时——

❌

"有爷爷奶奶陪着你，不缺吃不缺穿的，你爸妈在忙着给你挣钱呢，找他们干什么？"奶奶哄着玥儿说道。

✅

"你要是想爸爸妈妈就和他们打电话聊天，等你放假，爷爷奶奶把你送到他们身边去！"奶奶决定让玥儿和爸爸妈妈多待在一起。

即便祖父母将全部的爱都毫无保留地给孩子，也无法取代父母在孩子心目中的地位与影响。

某研究所曾对一所中学在校生做过一项心理健康程度的调

查，结果显示，那些缺少父母陪伴的孩子心理问题较多，主要表现为焦虑、孤独、抑郁、冷漠、缺乏安全感、自卑、逆反心理严重等。

更有相关研究表明，孩子对父母的情感需求是祖父母无法取代的，也是其他任何感情都不能取代的，即使祖父母、外祖父母将全部的感情、时间和精力都投入到孩子身上，也无法取代父母的爱。

虽然"隔辈亲"可能让孩子享受到更细心周到的照顾和宠爱，但对于孩子而言，在他成长的道路上，需要的不仅仅是吃得好、睡得好、穿得好、玩儿得好，更重要的是对他们的心理健康、能力培养、知识学习和为人处世的教导，而祖父母常常会忽略这些，甚至因为自身能力的不足，无法在这些方面给孩子正确的帮助。

佑佑从出生就被寄养在姥姥家，也是在姥姥家上的幼儿园和小学，虽然姥姥一直对他很好，也把他和舅舅家的孩子一样看待，但是佑佑从很小的时候就有一种寄人篱下的感觉，说话不敢很大声，吃饭也不敢多吃，遇到喜欢的东西，他也不会去和舅舅家的孩子争抢，跟着姥姥出门的时候，他也表现得十分乖巧顺从。

别人见到佑佑，都夸他懂事、听话，不给大人添麻烦，但只有佑佑自己心里清楚，每天晚上他都会躲在被子里偷偷哭，希望爸爸妈妈能把他接到身边去，尤其是看到表哥表弟和他们的爸爸妈妈在一起时开心的样子，他又羡慕又伤心。

　　有一次，他实在想爸爸妈妈了，竟然瞒着所有人偷偷坐上了火车，还好被人发现报了警，急坏的姥姥去接他的时候，哭着说："你这孩子是怎么想的？我哪委屈过你，你怎么还想着离家出走呢！"

　　佑佑的姥姥觉得很委屈，其实佑佑又何尝不委屈呢？姥姥的确对他很好，但他想要爸爸妈妈爱他也没有错。很多老人都和佑佑姥姥有一样的想法，认为自己对孩子那么好，完全可以代替他们的父母去养育和教导他们，其实，孩子和父母之间除了有血缘上的维系，还有情感上的深层依恋，最重要的是孩子与父母在一起更有利于培养孩子健全的人格。

不可否认，祖父母在照顾孩子的起居生活方面可能比孩子的父母更有耐心和经验，但"隔辈亲"也存在很多的弊端，比如对孩子太过溺爱和娇惯，着重生活上的满足而忽视对其心理上的关注，不太注重孩子能力的培养，在辅导孩子学习知识方面力不从心等。长此以往，只会导致孩子养成不良的行为习惯，性格上也会形成缺陷，变得能力低下，要么过于内向，要么难以管教。

因此，祖父母不要试图去取代孩子的父母，如果不是极其特别的情况，一定要让孩子享受到完整的父母之爱和陪伴，即便无法做到，也要尽力让孩子多和父母互动，让他感受到自己是被爱着的。

给祖父母的育孙建议

祖父母要尽量让孩子和父母待在一起生活，自己可以从旁协助，如果情况不允许，孩子必须要和父母长时间分开，那平时就要加强孩子和其父母之间的联系，祖父母要在孩子面前强调父母对他们的爱和关心，不要让他们有被抛弃的感觉。

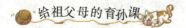

教育孩子时，不能互相拆台

情景再现

　　暑假的时候，妈妈想给小恒报一个钢琴培训班，想培养他的艺术细胞，奶奶知道后——

❌

　　"学钢琴又花钱又没用，放假了就让孩子好好玩儿呗，浪费那个钱做什么！"奶奶对此表示反对。

✅

　　"那就让他试一试，说不定这孩子在钢琴方面有天赋呢！"奶奶对于妈妈的决定表示支持。

　　在孩子的教育问题上，祖父母最好不要和孩子的父母互相拆台，而是要彼此协作支持。

　　中国人常说一句话："若是互相拆台，这戏就没法往下唱了。"家庭也是一个舞台，若是家庭成员之间在教育孩子时互相拆台，那么教育成果必定是不理想的，极容易使孩子形成回避型人格。

因为教育观念、知识水平、价值观、人生阅历等方面的不同，祖父母和父母在对待孩子的教育上势必会产生大大小小的分歧和矛盾，例如，妈妈刚和孩子约定只能看半小时电视，爷爷就准许孩子随便看电视；爸爸为了让孩子好好吃饭，严令禁止孩子吃零食，而一转眼奶奶就又偷偷给孩子买了很多零食吃。

面对孩子，祖父母总是拆台式的教育，这是令很多父母头疼的问题，因为身为父母，他们必须要为自己的孩子负责；但同时身为晚辈，他们面对拆台的长辈，要么是无奈隐忍，要么出言责怪。无论哪一种都没有达到教育孩子的目的。

这天，一家人都坐在沙发上看电视，小松可能是觉得好玩儿，故意把沙发抱枕扔到地板上，让爸爸给他捡起来。刚开始的时候，爸爸以为小松是不小心弄掉的，可是小松又扔了两次，每次都让爸爸帮他捡起来，他拿到手里之后继续往地板上扔，这种行为让爸爸很生气。

他很严厉地批评了小松，告诉他把东西随意扔到地上是不对的，而且很容易把抱枕弄脏，如果小松还继续扔抱枕，那么他必须自己去捡，而且要把弄脏的抱枕洗干净。

奶奶听到之后立即说："不就是让你帮忙捡个东西吗？你怎么还上纲上线的！小松别怕，你玩儿吧，奶奶给你捡，脏了奶奶给洗！"

　　之前爸爸教育小松的时候，爷爷奶奶也总是过来拆台，这次爸爸决定不能任由奶奶帮腔，于是很严肃地看着自己的母亲说："妈，惯孩子不是这样惯的，有些事情他必须要知道对错，今天就让他自己捡、自己洗，谁也不能插手！"

　　面对态度不容反驳的儿子，小松的奶奶虽然心里有些不舒服，但最终还是没再张口说话，而小松见爸爸脸色很难看，奶奶也被他"吓住"了，就不敢再放肆了。他把抱枕规规矩矩地放好，等到看完电视，又主动去把弄脏的抱枕洗了。

一般来说，在教育孩子时，祖父母和子女之间拆台的方式大多是硬碰硬或放任自流，也就是遇到孩子的问题时双方一定要争个对错，或者是子女妥协服软，无奈地说一句："我不管了，随便你们吧。"可无论是哪一种方式，对孩子来说都是"坏事"，因为最终的结果很可能是孩子的行为得不到正确的引导和规范。

因此，祖父母在教育孩子时，不要和子女唱反调，一旦互相拆台，经常在孩子面前表现得出尔反尔，孩子就会不知道该听谁的，也不知道谁说的是正确的。我们应该与子女的教育理念保持一致，让孩子形成正确的是非观、人生观和价值观。

给祖父母的育孙建议

祖父母和子女要保持育儿观点一致，要理解和支持子女育儿的方式，当父母给孩子制定规则、立规矩的时候，祖父母也要参与其中，切忌子女这边刚给孩子制定完规则，祖父母就帮着孩子破坏规矩。同时，祖父母还要更新旧观念，掌握爱孩子的正确方式。

不做孩子的"避难所"

情景再现

这天调皮的今今故意把家里的花瓶打碎了，爸爸气得要打她，爷爷走了过来——

❌

"不就是个花瓶吗？碎了就碎了！你敢动她一手指头，我就揍你！"爷爷"护犊子"地说道。

✅

"做错事该教训就教训，你们父女两个的事情我不参与！"爷爷虽然心疼孙女，但还是选择走开了。

要想教育有成效，祖父母最好不要干涉父母对孩子的教育，不做孩子的"避难所"。

受祖父母和父母因为生活方式、思想观念、"隔辈亲"等因素的影响，两代人在教育孩子的方式上会有很大不同，时常会因为孩子的教育问题产生分歧和矛盾，而身为长辈，我们应该尊重和信任晚辈的教育方式，不要强行干涉他们教育孩子。

生活中常见很多父母无奈地表示，每当他们教育犯错的孩子时，老人就会跳出来"护犊子"，急着做孩子的"避难所"，不是设法阻拦爸爸妈妈教育孩子，就是凭借自己长辈的身份反过来把孩子的爸爸妈妈教训一顿，老人通常给出的理由是心疼孩子，孩子不过犯一点儿小错，就被爸爸妈妈狠狠教训一顿，年轻人下手没轻重，都把孩子给吓坏了。

老人有老人的顾虑，年轻父母有他们的理由，虽然出发点都是为了孩子好，但孩子犯错，父母正在教育他们时，老人最好不要干涉，因为这时候祖父母若是成了孩子的"靠山"，很容易让孩子变得更加无法无天和任性妄为，不利于他们的身心健康成长，同时还会让父母在孩子面前失去威严，引发两代人甚至三代人之间的家庭矛盾。

9岁的昂昂非常调皮捣蛋，在他上小学之前，一直都是爷爷奶奶在照顾他，对他十分宠爱和放纵，后来爸爸妈妈把他接到身边来照顾，发现这孩子难管得很。

有一次，昂昂和别的小朋友打架，本来就是昂昂做得不对，他还朝对方吐了口水，爸爸知道之后，一怒之下就拿鞋底打了他。

从小到大昂昂都被爷爷奶奶捧在手心里，从来都没挨过打，于是他哭着给爷爷打电话，说爸爸打他，他都要被打死了。

那边的爷爷一听就急了，当天就赶到了儿子家里，气呼呼地质问儿子："你打我孙子干什么？！"又赶紧去查看孙子是否受伤，还说如果儿子打坏了大孙子，他一定饶不了儿子。

昂昂爸爸也生气地说道："孩子都被你宠坏了，你看看他现在这个样子，小的时候惹是生非，长大了谁还管得住？"

"那也不用你管，你再敢打他，我把你的腿给打断！"昂昂爷爷气愤地表示。又对孙子说："昂昂别怕，以后爷爷不走了，我看谁敢动你一下子。"

昂昂听到爷爷这样说，得意地朝他爸爸看看，以后有爷爷在，他就有"保护神"了。

有一项心理研究表明，老人对待孙辈不同于对待自己的子女，他们对孙辈更加尽己所能地照顾和宽容溺爱，但同时这种爱却容易使孙辈失去独立承担的能力，阻碍他们的健康发展。

我们可以理解"隔辈亲"，但是祖父母不能总是充当孩子的"避难所"，犯了错就要接受管教，就应该直面问题，勇于承担责任，而不是躲在长辈的背后逃避责任，这样只会让他们变得有恃无恐，认识不到自己的错误，而且也容易导致父母和孩子之间的矛盾不可调和。

当然也有祖父母会说，年轻人的教育方式不一定是对的，遇到这种情况时，祖父母可以私下和子女进行沟通，给他们提供一些合理的意见，而不是当面就强行干涉他们教育孩子。

给祖父母的育孙建议

父母教育孩子时，祖父母可以在一旁提供正面积极的支持，比如孩子犯了错，要让孩子认识到自己的错误，鼓励孩子试着自己解决问题，另外，当孩子遇到问题时，祖父母可以和子女一起研究如何解决问题。

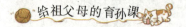

不要和亲家"争权夺爱"

情景再现

东东过生日的时候，家人都聚在一起为他庆祝，他收到了很多的生日礼物，这时——

❌

"东东，是爷爷送你的礼物好，还是姥爷送你的礼物好？"爷爷看着东东问道。

✅

"姥爷和爷爷对你都是一样的疼爱，这礼物都是你最喜欢的！"爷爷笑着说道。

祖父母与亲家"争宠"，只会让孩子陷入焦虑和两难之中，让他产生错误的认知。

老人带娃是现在很常见的一种现象，有的家庭是爷爷奶奶帮忙带孩子，有的家庭是姥爷姥姥帮忙带孩子。在这个过程中，难免会出现双方长辈对孩子"争权夺爱"的情况。

比如，孩子们常常会遇到的一个问题，"爷爷疼你还是姥爷疼你"或者"奶奶好还是姥姥好"，当孩子第一次遇到这样的问题时，他们往往都不知道该如何回答，因为答了"爷爷好"，姥爷知道之后会不开心；答了"姥姥好"，奶奶听到之后会很伤心；可若是回答"都好"，大人又会说这孩子"两不得罪"。

孩子的心智尚不成熟，他们很容易受到大人的言行影响，长辈们之间互相比较，会让孩子从小就学会权衡利益，然后在中间进行投机选择。久而久之，他们就不能正确定位自己遇到的人和事，在日后的人际交往中也会不断碰壁。

因为爸爸妈妈工作的原因，晶晶一直是由姥爷姥姥帮忙养大的，后来她该上幼儿园了，爸爸也正好调动了工作，于是她又跟着爸爸妈妈回到了爷爷奶奶家。

之后，她的生活学习也大多由爷爷奶奶照顾，但是寒暑假她还是会回姥爷姥姥家住，每当这个时候，两边的老人就会在孩子面前"争风吃醋"。

比如，打视频电话的时候，两边老人就会问晶晶更爱住在谁家，是更喜欢吃姥姥做的饭，还是更喜欢奶奶做的饭，要是晶晶回答令一方不满意，他们就会说："真是养了个小白眼狼，我对你这么好，你还是更和那边的人亲近！"

每当这时候，晶晶就会惭愧地低下头，她觉得自己回答错了，而下次换一种答案，又惹得另一方不开心了。她不明白，明明奶奶和姥姥做的饭都好吃，可无论她怎么回答，大家都不满意，她很爱家里的每一个人，但大人一定要让她分出谁的爱多谁的爱少，最后她干脆闭口不说话了。

很多老人特别在意孩子到底和谁亲，一定要分出个高低上下，最后让孩子夹在中间两头为难。其实没必要争，若是为了孩子，祖父母更应该和亲家结成教育同盟，双方更好地合作，才能将孩子教育得更好。

在教育孩子的过程中，如果祖父母一定要和亲家"争权夺爱"，为了证明谁在孩子心目中的地位更高，甚至用一些错误的方式引导孩子，比如，为了和亲家攀比，送的礼物一定要比对方更贵、更好，更加纵容溺爱和迁就孩子，或者在孩子的面前说亲家的坏话，甚至想办法断绝孩子和对方的来往，等等。

这会让孩子养成各种毛病、坏习惯，而且对长辈也会变得愈加不尊重，严重者可导致双方家庭关系出现矛盾和破裂。

因此，聪明的祖父母会和亲家搞好关系，互相尊重和理解，同时也会让孩子明白家里的长辈都一样爱着他，虽然爱的方式可能有所不同，但爱是不分高低贵贱的，要给孩子树立正确的价值观。

给祖父母的育孙建议

祖父母和亲家对孩子的教育管理尽量达成一致，不要过度溺爱和攀比争宠，要让孩子看到爷爷奶奶和姥爷姥姥是一个"阵营"的，这样他就不会"见风使舵"，想着从一方那里获得"好处"。祖父母可与亲家在教育孩子方面保持沟通，给孩子创造一个更加和谐友爱的大家庭，这也有利于孩子的成长。

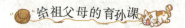

不离间孩子和继父母的关系

情景再现

可可父母离婚之后，爸爸又娶了一位新妈妈，婚礼喜宴这天，奶奶将可可叫到身边——

 ❌

"后妈可不是亲妈，你以后多长个心眼儿，可别让她欺负你，打你骂你和我说！"奶奶叮嘱可可道。

 ✅

"孩子，新妈妈虽然没有生你，但以后我们都是一家人，又多了一个人关心你，要好好和她相处，知道吗？"奶奶语重心长地教导道。

祖父母在面对孩子和继父母的关系时，一定不要挑拨离间，而是做好"调和剂"，让他们更好地相处，这样才有利于家庭和谐。

人们历来对"后爸""后妈"这样的身份存在很大的偏见，尤其是在面对原生家庭破裂，需要重新去接纳一个"新爸爸""新妈妈"的时候，无论是从生活上还是从心理上，孩子都需要很长时间去适应。而且因为重组家庭本身存在的"敏感性"，稍有不慎，就容易让孩子和继父母处在敌对的位置，引发诸多的家庭矛盾。

祖父母作为孩子除父母之外最亲近的家人，当孩子不得不面对与继父母的关系问题时，我们一定要谨慎对待孩子和继父母之间的关系，不要因为心疼可怜孩子，就怕孩子被"后爹""后妈"欺负，或者稍微看到孩子和继父母关系变得亲近，就觉得继父母心怀不轨，然后开始离间孩子和继父母之间的关系，导致他们之间亲子关系紧张。

小磊的爸爸妈妈在他8岁那年离婚了，之后又都重新组建了家庭。法院将小磊判给妈妈抚养，每周末小磊也可以与爸爸见面。一开始小磊跟妈妈和继父生活在一起很不自在，好在继父对他还不错，他也慢慢接受了现实。

不过，自从奶奶来到他身边，一切都不一样了。因为奶奶发现小磊和继父的关系特别好，她担心小磊有一天会被"抢走"，于是时不时地告诉小磊，不要轻易相信继父的话，继父和他没有血缘关系，对他肯定不是真心的。而且小磊妈妈现在又怀孕了，以后继父有了亲生的孩子，对小磊这个外人肯定会看不顺眼的。

　　久而久之，小磊心里与继父就产生了隔阂，与他相处时，也不像之前那样自在了，就连对自己的妈妈也产生了抵触和怨恨情绪，他觉得自己被所有人抛弃了，大家都不爱他，他彻底失去了爸爸妈妈。

　　再后来，小磊产生了厌学情绪，甚至随着青春期的到来，他和继父、妈妈之间的矛盾越来越激化，有一次甚至情绪激动地和继父大吵一架后离家出走了。

　　祖父母像这样用挑拨离间的方式教育孩子，受伤害最深的一定是我们的孩子，因为他们年纪小，分辨是非的能力有限，对他人的判断也容易不准确，有些内向和敏感的孩子，极容易会受到大人的挑唆和影响。而且离间孩子与继父母的关系，不但会破坏孩子的幸福感，还容易使他们变得更叛逆。

因此，面对重组家庭的孩子，祖父母一定要用健康良好的心态来引导孩子慢慢接受现实，虽然继父、继母在孩子心中无法和亲爸亲妈相比，但至少祖父母不应剥夺孩子和继父母变得亲近的机会。

给祖父母的育孙建议

祖父母首先要端正自己对人对事的态度，不要带着偏见去看待孩子的继父母，这样才能教导孩子用正确的态度面对新的家人。另外，祖父母要在情感上给予孩子足够的安全感，多和孩子沟通，了解他们对继父母的真实想法，然后加以正确的引导，学会缓和和促进孩子和继父母之间的关系，让孩子感受到双份的爱。

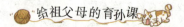

弥补单亲家庭的性别缺失

情景再现

小茹是一名单亲家庭的女孩，从小跟在父亲身边生活，所以打扮得像个小男孩，回到奶奶家之后——

"孩子这样打扮挺好的，省事了！"奶奶并不觉得孙女言行举止都像个男孩有什么不好。

"奶奶去给你买几身好看的裙子，再买两个漂亮的发卡。"奶奶要把小茹打扮成女孩样。

单亲家庭极容易出现性别缺失，祖父母要弥补缺失的那一部分，让孩子在正确的性别教育中成长。

所谓性别教育就是在生理层面和社会层面了解和认识两性的差别，在为两性建立性别自信和完善人格等方面提供帮助。

现代社会，因为各种各样的原因，单亲家庭越来越多，随之而来的是单亲家庭子女性别缺失现象也逐渐增多。

家庭教育中，男孩性别角色的社会化是需要男性家长来参与的，而女孩性别角色的社会化是需要女性家长来参与的。一个家庭中，父亲和母亲是最直接有力影响孩子性别角色形成和发展的关键因素，本应该是无法相互取代的，但单亲家庭的特殊情况，使孩子不但缺失父爱或母爱，也极容易导致其性格不健全。

例如，缺失母爱的孩子，很容易表现出孤僻、敏感、自私、冷漠、缺乏安全感等，而少了父爱的孩子也极容易表现得自卑、优柔寡断、胆小、缺乏毅力等。

祖父母在面对单亲家庭的孩子时，不能只对他们生活上、学习上用心照顾，也要特别重视孩子的性别教育，只有在与不同性别成员的相互交往和影响中，孩子的性别意识才能真正变得健全。

朵朵的父母因为性格不合在她3岁时就离婚了，之后朵朵就和父亲、奶奶一起生活。父亲要上班，所以照顾朵朵的任务就落在了奶奶的肩上。

奶奶很喜欢把朵朵当成男孩子来养，平时给她剪短发、穿短裤，没事就"夸"她像个男孩子一样调皮、勇敢。渐渐地，朵朵就对女孩子的花裙子和玩具不感兴趣了。

而同样是单亲家庭子女的小北，却时常被奶奶打扮成女孩的样子，一开始是大人闹着玩儿，觉得他长得秀气可爱，穿上女生的裙子，扎上两个小辫儿，简直比女孩还像女孩。久而久之，小北也喜欢上了女生的装扮。

随着年龄的增长，朵朵和小北性格上都出现了各种各样的缺陷，家人也都后悔没有及早纠正他们性别上的偏差。

正确的性别意识，不仅仅是让孩子意识到男女在生理上的差别，比如，男生和女生身体结构上的不同以及行为习惯上的一些差别，最重要的是培养他们对两性的正确认识。

面对单亲家庭性别缺失的孩子，祖父母要让孩子意识到身为男性除了身强体壮，还要勇于担当，遇事冷静自信、勇敢刚强；而身为女性，则要坚忍善良、温柔包容、乐观豁达。

单亲家庭的孩子本来就极容易敏感、自卑，在性别教育上，祖父母可以发动身边人的力量，让孩子多与人接触交往，弥补单亲家庭的性别缺失，避免造成两性角色的偏差。

给祖父母的育孙建议

祖父母要随时关注单亲家庭孩子心理情绪的变化，平时可用"刚柔并济"的方式教育他们，让他们的言行举止更符合自己的性别特征。另外，祖父母也要教给孩子正确认识和保护自己的身体，告诉他们男女身体结构上的差别，给他们讲解一些基本的性常识。

在孩子面前，别说他父母的不是

情景再现

这天小波偷拿了家里的钱去外边买玩具，爸爸很生气地在批评他，这时爷爷走了过来——

 ❌ "你骂他干什么，你小时候还不是一样偷拿家里的钱？都是和你学的！"爷爷生气地朝儿子吼道。

 ✅ "小波，偷拿钱是错误的行为，不管你是出于什么原因，以后都不许再这样了！"爷爷非常支持爸爸教育小波。

祖父母不要当着孩子的面说他们父母的不是，这不但会让父母在孩子面前失去了教育威严，还会把孩子教坏。

在与孩子接触的过程中，祖父母有意无意总会拿孩子的父母"说事儿"。有时候是好的一面，比如，爷爷奶奶对孩子说"你干事儿仔细这点很像你爸爸"或"你说话温柔这点像你妈"。但有的时候则是不好的一面，比如，孩子常听到长辈毫无顾忌地当着他们的面说"你爸就是爱找事儿"或"你妈就是爱挑刺"。甚至还有些老人就喜欢揭儿女的"老底"，让他们在自己的孩子面前丢脸。

小孩子都是天真懵懂的，也是最容易被大人影响的，而且他们在行为习惯上也总是爱模仿与他们最亲近的父母，当听到长辈夸赞他们的父母时，他们也会觉得自豪骄傲，而当长辈说他们父母的不是时，他们或表现出极大的反感，或对父母产生了质疑。祖父母这种行为会影响父母在孩子心目中的形象，使孩子变得不尊重父母。

齐奶奶一直帮着儿子儿媳照顾孙子孙女，时间一长难免会有各种各样的家庭矛盾，而齐奶奶也会忍不住在孙子孙女面前数落他们父母的不是。

有一天，齐奶奶做好了饭菜，但是儿媳因为前一晚加班熬夜起晚了，错过了早饭，儿媳醒来的时候已经快十点了，儿媳直接点了外卖吃，吃完又去上班了。

齐奶奶便有些不满地对孙子孙女说："你妈真是的，我不是给她留了饭吗？热一热不就能吃了？还非得花钱点外卖，浪费那个钱干什么？还不如留着钱给你们两个花呢！我出去买个菜累得腰疼，还得做一家人的饭，唉——"

等到儿子回来，齐奶奶又当着两个孩子的面数落儿子："你们当父母的就不能给孩子做个好榜样？瞧瞧这家刚整齐一点儿，又被你们弄得乱七八糟，懒得不得了，不知道心疼人！"

这时，齐奶奶的孙子也在一旁附和道："就是，我爸我妈懒得很，都不知道帮奶奶干活儿，每天吃饱了睡，睡醒了吃，跟猪一样！"

齐奶奶的儿子听到自己的儿子这样说自己，当即就要狠狠教训他一顿，没想到齐奶奶护着孙子说："我孙子说错什么了？实话还不让人说了，你们就是这样！"

祖父母可以试想一下，如果孩子对他的父母出言不逊没了基本尊重，那么父母在教育他的时候，他还会心甘情愿听父母

的话吗？因此，长辈也要学习说话的技巧，尤其是当着孩子的面，我们要懂得什么话该说，什么话不该说。

无论何时何地，也无论是出于什么原因，祖父母都应当维护父母在孩子心目中的地位和形象，而不是当着孩子的面贬低他们，说他们的不是。否则，孩子很可能会有样学样，当父母教育他们时，他们会以"我都是跟你学的"，来为自己错误的行为找理由，甚至有些孩子会无视父母的付出，听信了长辈说的话，去指责父母的不是，让父母寒心。

因此，为了孩子的良好成长，祖父母要和儿女齐心协力、友好合作，而不是当着孩子的面说他们父母的不是。

给祖父母的育孙建议

祖父母当着孩子的面应尽量维护孩子父母的尊严，多跟孩子说父母良好的行为和习惯，让孩子学习父母的优点。祖父母若是和儿女有矛盾，尽量不要当着孩子的面解决，更不要用指责、争吵的方式，要给孩子创造一个温馨和谐的家庭氛围。

留守儿童，祖父母要兼任父辈

小杰是一名留守儿童，最近老师发现他有厌学情绪，于是找到了小杰的爷爷——

 ✕

"这孩子我管不了，他爸妈不在家，老师你有事儿就给他爸妈打电话吧！"爷爷说完，摆摆手走开了。

 ✓

"老师放心，我会和这孩子好好聊聊，都是我最近的疏忽，他父母不在家，我该好好教导他的。"爷爷显得很愧疚地说道。

留守儿童长时间不和父母在一起，这时负责照顾他们的老人就要担起父辈的职责，让孩子在不缺爱的环境下长大。

所谓留守儿童，就是指那些父母双双外出务工或者一方外出务工另一方无监护能力、未满十六周岁的未成年人。与那些父母在身边的孩子相比，他们更加缺乏爱与照顾，心理缺陷和性格缺陷出现的概率也更高。

　　有一项调查研究表明，留守儿童因与父母聚少离多、缺乏沟通，而占大比例的隔代教育又存在诸多问题，所以很容易导致留守儿童的成长出现偏差，情况严重者，甚至可能走上极端的犯罪道路。

　　小力今年十二岁，是一名留守儿童，一直跟在爷爷奶奶身边生活。最近，老师发现小力的厌学情绪越来越严重，上课注意力不集中，平时该完成的作业也完不成，性格有些孤僻，不爱和同学交往。

　　有一次，老师在校外发现小力和几个社会青年玩儿在一起，小小年纪的他竟然学会了抽烟，老师找小力的爷爷奶奶谈

了话，他们也只是随口说了小力两句，并没有当回事。

后来小力因在校外偷东西，直接被送进了少管所，爷爷奶奶这才后悔没有好好管教小力，也觉得没脸面对儿子儿媳。

像小力一样存在问题的留守儿童有很多，为了避免这类事情发生，作为祖父母不但要照顾好孩子们的日常生活，还要在必要时兼任好父辈的角色，给予孩子更多的爱和理解，关注他们的身心健康，引导他们朝着更好的方向发展。

不要缺席孩子成长的每一个关键时刻，也许祖父母的体力和精力有限，但只要祖父母多多参与孩子的成长，孩子就能少一分孤独感。

留守儿童是一个特殊的群体，只有祖父母兼任好父辈的职责，保护和引导好我们的孩子，孩子才能更加健康地成长。

给祖父母的育孙建议

祖父母对留守儿童要付出更多的耐心和理解，对于他们的一些不良行为和不良情绪，一定要及时发现、及时处理，不要出于补偿心理就对他们溺爱放纵，可以给予他们更多关注，但行为习惯上一定要引导他们，随时关注他们的心理健康，同时也要关心他们在外的安全问题。

保持距离感：三代人的相处之道

情景再现

刘奶奶去儿子家帮忙照顾孙子，但是她和儿媳总会因为孩子和生活琐事产生矛盾——

 "这个家是我儿子的，也就是我的，我想怎么待就怎么待，想怎么教育孩子就怎么教育！"刘奶奶生气地说道。

 "妈年纪大了，和你们年轻人想法不太一样，希望你理解。你不让我问的以后我就不再问了，不该做的事情我也不会再做！"刘奶奶决定改变自己，不再过多插手儿子儿媳的事情。

祖父母和子女之间无论是在生活上还是在对孩子的教育问题上，都应尽量掌握好边界感和距离感。

人和人之间要保持距离，距离产生美。靠得越近，我们就会看见对方越多的缺点。两块石头投入水里，如果距离太近，水波就会互相干扰。同样，当两代人、三代人甚至四代人生活在一起，如果彼此的距离太近，势必也会产生很多的问题和矛盾。

很多祖父母为了帮助儿女减轻负担，让他们能安心工作，担负起了照顾家庭和孩子的重担。很多时候不可避免地要和儿子、儿媳居住在同一个屋檐下，两代人的生活理念、生活方式和生活习惯都存在差异，再加上对孩子的教育理念也不同，所以时常会"好心办坏事"。

例如，明明是好心帮儿女照顾家庭，帮他们洗衣做饭打扫卫生，还帮着他们照顾孩子，最后却得不到儿女的理解和感恩，反而落得一身埋怨，而造成这种结果的一个很重要原因，就是我们没有掌握好距离感。

有一位年轻的爸爸，最近几年过得非常压抑，很多时候工作辛苦一天，下班之后却宁愿待在地下车库里，也不愿早早地回家。一到周末他就找借口出去，不愿在家里久待，后来甚至被检查出患有抑郁症。

心理医生在给他治疗的时候发现他宁肯躲在外边也不愿回家的原因，是他妻子生产之后，岳父岳母为了照顾妻子和孩子，搬来和他们一起住了。

一开始，有老人的帮忙，他的确是减轻了不少负担，但是时间一长，他发现家里完全变了。明明是自己家，他却觉得越来越不自在，好像他才是个寄居的外人。

后来，孩子大了一些，在教育孩子的时候，他和岳父岳母也产生了矛盾，而妻子也总是站在她父母那一边。每当回到家他就觉得浑身不自在，一言一行都拘谨得很，因为老人睡觉轻，他连走路都不敢大声，渐渐地心情越来越郁闷。

其实，这位年轻爸爸的情况在很多三代人同住的家庭里很常见。原本一家人住在一起是一件很温馨、很令人羡慕的事情，年轻父母有老人帮忙看孩子，的确是轻松了不少，但两代人毕竟是两代人，矛盾不可避免。

那么三代人究竟该怎样相处呢？有学者曾提出了家庭亲和理论，即煮一碗热气腾腾的汤送到父母家中，而汤的温度刚刚好。这其实说明了两代人分居又不分离的生活状态，也代表彼此之间既要有独立的生活空间，也不失一个家庭的亲密距离。

健康的家庭关系应该是家庭成员之间彼此尊重和理解，懂得感恩和信任，懂得掌握彼此的距离感、分寸感，祖父母在和晚辈相处的时候不要越界，更不要试图去掌控他们的生活，也不要以大家长的威严去插手他们对孩子的教育。只有这样，我们才能拥有和谐美满的家庭关系。

给祖父母的育孙建议

如果条件允许，祖父母尽量不要和子女住在一起，如果不可避免地在一起住，那就要管好自己的嘴和手，尊重和理解子女的生活方式和习惯，不要在他们教育孩子的时候过多干涉。当小夫妻产生矛盾时，尽量不要主动介入，让他们自己解决。

第 **3** 章

科学育孙不脱节

——紧跟时代步伐，更新教育观念

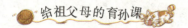

不要过多介入孙辈的学习和升学决策

情景再现

洋洋已经到了上小学的年纪，爸爸妈妈准备把他送入市里的重点小学，奶奶听说后——

"送什么重点小学，在咱小区附近的小学上就行了，接送还方便！"奶奶觉得没必要舍近求远上小学。

✗

✓

"重点小学教得好但是离家远，家附近的小学接送方便。各有利弊，你们决定吧！"奶奶决定尊重儿子儿媳的选择。

对于孩子的教育问题，孩子的父母必定有自己的考量和选择，祖父母尽量不要过多介入。

从本质上来说，父母是孩子的主要负责人，除非是孩子的父母允许老人参与孩子的教育，或者孩子的父母在教育方面存在明显不足和缺失，老人才有责任和义务适当地"越俎代庖"，否则对于孙辈的事情不要过多介入。

很多祖父母也许会说，孩子的学习不是小事，身为家中长辈自然有权过问。其实，随着现代社会的快速发展，老人与年轻人在理念、知识结构和三观上的差异越来越大，祖父母过多介入孩子的教育只会引发更多的家庭矛盾。

例如，父母对孩子的学习要求十分严苛，认为别人家的孩子都在拼命学习，而自家的孩子就要输在起跑线上了。而很多长辈却认为没必要逼孩子学习，小小年纪的孩子已经承受了太多学习压力，少背一首诗、少写几页字，又有什么关系？

旭旭还有一年就要小升初了，近段时间爸爸妈妈对他的学习抓得很紧，希望他能努力考一所好点儿的初中，旭旭有时候会学习到夜里十二点。

旭旭的爷爷奶奶看他被逼着学习的辛苦样子，本就十分心疼了，又见儿子儿媳对孩子的要求那么严格，心里就有些不满。

这天，旭旭突然发脾气说不想写作业了，爸爸把儿子给骂哭了，本来爷爷就心疼孙子，生气地对旭旭爸爸说道："看你们把孩子逼成什么样了？他不想写就不要写了，又不是上不了初中！"

"爸，你不懂，初中非常关键，要是进不了一个好初中，他就很难进入高中，更别说考大学了！我这都是为了他好，不好好上学就没前途！"旭旭爸爸回道。

"我有什么不懂的？考不上大学也不会饿死，不能为了上个学把孩子给逼疯了！"爷爷也有自己的理由。

"爸，我和你说不明白，我有我的想法，你别插手！"旭旭爸爸又说道。

爷爷一听也恼了，瞪着儿子说道："我是你老子，我孙子的事情我管定了！"

说着说着，两父子眼看就要斗起来，还好奶奶和旭旭妈妈劝住了他们，避免了一场家庭大战。

从此案例中不难看出，旭旭爸爸有他的想法，旭旭爷爷也有自己的观点，出发点都是为了孩子好，但两代人之间存在的差异让他们站在各自的角度去看待孩子的学习问题，也就有了矛盾。

其实祖父母没必要因为孩子的学习弄得家里鸡飞狗跳的，这本就是孩子父母的责任，祖父母过多插手只会让子女为难。而且长辈的某些陈旧的观念可能并不适用于现在的社会现状，祖父母可能并不了解现在的孩子会在日后面对什么样的生存压力，所以祖父母不要过多地介入孩子的升学问题，而应把此事交给子女做决定。

给祖父母的育孙建议

祖父母首先要承认自己的"落后"，多学习一些育儿知识，让自己能跟上时代的步伐，同时要明白父母才是教育孩子的关键，自己只是起到"辅助"作用，非必要尽量不要插手父母对孩子的教育。另外，祖父母要尊重和理解子女教育孩子的方式，有什么问题可以私下与他们沟通。

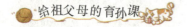

"成绩决定一切"的观念过时了

情景再现

期末考试的成绩单发下来了，波波有些害怕地将成绩单交给了爷爷，爷爷接过之后——

❌

"一百分满分的卷子你才考四十五分，你这样的成绩将来怎么考大学？真是笨死了！"爷爷拿着成绩单火冒三丈地说道。

✅

"这次考得不好，咱们下次努力。分数并不能代表什么，只要你努力了就行。"爷爷并没有批评波波，而是鼓励他继续努力。

考试成绩只是代表孩子某一个阶段的学习成果，不能代表一切，综合素质才是我们最该看重的。

人们一直习惯用学习成绩来衡量一个人学习的好坏，但随着现代社会的快速发展，成绩决定一切的时代已经过去了，因为社会需要的不是高分低能的人才，而且每个孩子因个体差异，所以对于知识的"消化能力"也是不一样的，过分看重成绩，反而会将孩子的其他天赋给埋没了。

比如，跳水冠军全红婵，她的老师说她除了学习不好外什么都好，小小年纪的她已经为国争光，多次获得国际重大跳水赛事的冠军，而且还拿下了满分纪录。她在学习方面或许比不得别的孩子有天赋，但是在跳水项目上，她的确很厉害。

这世上不是每个孩子都必须要考一百分，三百六十行，行行都能出个状元郎。

倩倩这次期末考试成绩不理想，之前她总能考进全班前三名，但是这次一下子落到了第十名，爸爸妈妈得知她的考试成绩之后非常生气，把她严厉批评了一顿，还说这段时间她把太多时间放在其他事情上，让她以后专心学习。

奶奶看到孙女委屈地掉眼泪，便对自己的儿子说："这次考不好，又不代表以后考不好，孩子已经很努力了，孩子被逼得太紧，就是铁钢索也可能断了。"

"妈，你不懂，成绩都上不去，以后能有什么出息？拿什么和别人去竞争？现在的工作都要求高学历。"儿子说道。

奶奶却不同意儿子的说法，反驳道："我怎么不懂？孩子成绩是重要，可成绩提高不能靠你们这样天天逼她，你得知道孩子心里是怎么想的。"

儿子听完母亲的话，沉默了，他觉得母亲说得对，也许他该和女儿好好聊聊。

其实，很多孩子成绩下滑都是有原因的，我们千万不要忽视孩子内心真实的想法，要找出真正的原因，帮助他们解决问题。当然，对于那些学习成绩本就很好的孩子，我们也不能只要求他们的成绩，而是要注重提高他们多方面的能力。

教育家蔡元培先生曾说过："决定孩子的一生的不是他的学习成绩，而是能拥有健全的人格修养。"著名作家梁晓声也说过："孩子若是平凡之辈，那就承欢膝下；若是出类拔萃，那就让其展翅高飞；接受孩子的平庸，就像孩子从来没有要求父母一定要多么优秀一样。"我们国家也开始重视素质教育，很多学校已经不以分数来评价孩子的优劣，未来的中国需要的也是多方面的人才，分数不高的孩子日后依旧能成为国家的栋梁。

祖父母不要让成绩禁锢住自己的孩子，成绩只能反映孩子平时学习和课堂上的情况，但不能反映孩子在品德、健康、性格、习惯、能力等方面的优劣。所以不要单纯用成绩来评价一个孩子。

给祖父母的育孙建议

祖父母不要以成绩高低来定义孩子，平时要多注意培养孩子的思考能力、思维方式、独立性和专注力，多关注孩子的学习过程，及时发现问题，并帮助孩子一起解决，还可培养孩子的其他兴趣爱好。

为自己充电，不做高科技的门外汉

孙奶奶的儿子为了让她更方便地帮忙带娃，给孙奶奶买了一部智能手机，孙奶奶——

"这手机太复杂，我不会用，还是我的老年机好用，打电话接电话简单！"孙奶奶拒绝了智能机。

"这种高科技的东西你们年轻人可得教教我，现在买个菜都得用智能机，我也得学会！"孙奶奶让儿子教她智能手机如何使用。

祖父母不要和时代脱节，要随时充电，多接触一些高科技产品，更有助于我们帮忙带孩子。

数字时代的日新月异，很多祖父母觉得自己跟不上时代的步伐，以前买菜用纸币、坐车要车票、去医院要排队挂号，现在似乎一切事情都能在一部手机里完成，就连孩子上学，老师布置作业也大都是通过"群聊"通知家长。

现在孩子上课也需要用到很多智能软件，祖父母们也要跟着一起学习，这样老师给孩子布置作业，我们也知道该怎么做，不会耽误孩子的学习。正所谓活到老学到老，为了与时代接轨，祖父母还是十分有必要去学习一些高科技产品的使用方法，这会让祖父母的生活更加丰富方便，也有助于帮忙养育孩子。

老贺已经快60岁了，有一部用了好几年的旧手机，平时只能接打电话，就连短信都发得少。后来，儿子让他帮忙去城里接送上小学的孙子，见他用的还是旧手机，就给他买了一部智能手机。

拿到手机的老贺虽然埋怨儿子浪费钱，但他也知道现在周围的人都在用智能手机，尤其是在城市里，出门带现金反而不如用智能手机方便了。他觉得很新鲜，就在儿子和孙子的帮助下学习智能手机的使用方法，很快他就学会了拍照、录视频和上网，更学会了用手机支付，学会了通过微信和外地的亲戚朋友视频聊天，虽然很多手机的功能他还不太会用，但一部智能手机却极大地改变了他的生活。

不仅如此，小孙子放学之后，老师也会通过微信群布置作业，他也申请加入了孙子的家长群，儿子儿媳忙不过来时，他就会主动帮孙子"打卡"，有时是帮孩子拍一张照片发群里，有时是录个相关视频给老师，极大地节省了儿子儿媳的时间。

再后来，他自己又跟着网上的教程学会了通过互联网挂号、就诊。以前他去医院检查身体，子女要忙前忙后，现在他自己拿着身份证和智能手机就能在医院那些高科技设备前完成准备工作了。

老贺见人就说，幸好他学会了用智能手机，否则现在出门就是"睁眼瞎"，什么也不懂，什么也不会。

现实生活中有很多和老贺一样的爷爷奶奶，一开始对于高科技的东西有些"望而却步"，不是担心浪费钱，就是想着自己学不会，就算子女愿意教，自己也不愿意去学，总觉得这都是年轻人的事，自己会不会用高科技的东西又没什么大影响。

如果你有这种想法，那就错了。我们学习使用高科技产品，不仅是因为时代的需求，也不只是为了养育孙辈，更是为了我们自己。祖父母们只有熟练使用高科技产品，如智能手机、电脑、智能电视、各种便利生活的软件等，晚年生活才会更加地丰富多彩，而且不但能方便我们自己，也能方便他人，省去了不少生活的麻烦。

给祖父母的育孙建议

祖父母要想不做高科技的门外汉，首先要有一个良好的心态，保持积极向上的态度，让自己不断学习新知识。其次，祖父母对于那些高科技的产品，不要只是"看"，要亲手去接触、去使用，用多了自然也就熟练了，有什么不懂不会的就去问年轻人。最后不要怕自己学得慢，也可以和同龄人去交流智能产品的使用心得。

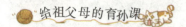

保持童心，把"隔辈亲"变成"忘年交"

情景再现

10岁的露露问爷爷，树叶变黄是不是大树的心情不太好？爷爷回答道——

❌

"什么心情不好？你都10岁了，这还不知道？秋天到了叶子自然就黄了！"听着爷爷的话，露露伤心地低下头。

✅

"这个我们就得问问大树先生了，看他是喜欢绿衣服还是喜欢黄衣服。要是喜欢黄衣服，可能他的心情就是飞扬的吧！"听到爷爷的答案，露露真的打算找棵树问问了。

祖父母不要用成人的视角去看待孩子的事情，而要试着以孩子的视角去和他拉近距离。

我国著名教育家陶行知先生曾说过："我们必得会变小孩子，才配做小孩子的先生。"在孩子的世界里，他们有自己的思维模式和对世界的理解，并且他们拥有着强烈的好奇心、创造力、想象力和探索欲望，而祖父母活了几十年，早就习惯了自己的"大人"身份，让他们拉下脸面再去做孩子，可能真的有些为难。

但是祖父母也是从小孩子一路成长过来的，当他们放下长辈的威严和身份，保持一颗童心，就能很容易地走进孩子的世界，也能理解我们的孩子，同时能以更亲近的身份和孩子打成一片，更有利于教育和引导孩子。

不过，很多爷爷奶奶认为自己走过的路比孩子吃的盐都多，即便自己没读过几天书，但自己的经历、经验都可以用来教育孩子，却不知很多时候用成人的复杂、世故和成熟去教育天真懵懂的孩子，是极大的误区。相反，爷爷奶奶若是保持童心和孩子去做朋友，那效果可能更好。

小适上了小学之后，老师经常会留一些实践作业，有时需要和家长一起完成。平时都是小适的爸爸妈妈和她一起完成，但是这天爸爸妈妈和奶奶都不在家，只有一向严肃的爷爷在家，而作业又必须要完成。

小适鼓足勇气走到爷爷面前问道："爷爷，老师今天留了'模仿动物'作业，你可以帮我一起完成吗？明天必须要打卡上交的。"

当爷爷弄清楚作业内容是需要他和小适互相模仿各种动物

的动作和声音，而且还要录视频交给老师的时候，爷爷显得很犹豫，但看着孙女忐忑期待的眼神，他突然做了一个决定——就算会有些尴尬，他还是答应了。

于是，小适先让爷爷给她录了模仿兔子、老虎、牛、羊的动作和声音，然后她又开始录爷爷模仿动物的视频，爷爷想着既然已经答应孙女了，那就不能反悔。于是，在家人眼中一向"威严"的爷爷动作稍显僵硬地模仿起来，小适忍着笑录完，她觉得爷爷真可爱。

也就是这一次的亲子作业，让爷爷在小适心目中的形象变了。以前她都不敢和爷爷亲近，现在却觉得爷爷有时虽然严肃，但有时也很可爱，爷爷也感觉孙女和自己关系亲近了不少。从这之后，两个人渐渐成为了好朋友，而且爷爷还教会了小适很多东西，让她变得更加勇敢自信起来。

　　保持童心和本真并不是不成熟、不理智的表现，恰恰相反，当一个成年人为了和孩子打成一片而让自己回归"童年"，这本身就是一个智慧的决定，因为孩子需要的不是一个高高在上的"长辈"，他更需要一个能试着理解他、能站在他的角度思考问题、能和他一起做些"幼稚"的事情甚至说些"天真"的话的朋友。

　　因此，祖父母要让自己保持一颗童心，用真诚、乐观去感染我们的孩子，让"隔辈亲"变成"忘年交"，让我们的亲子关系更加和谐温馨。

给祖父母的育孙建议

　　祖父母要在呵护孩子童心的同时让自己也保持一颗童心，还要用心去了解孩子的心理需求，平时和孩子一起玩玩具做游戏，可以不时地说一些"童言童语"，和孩子处在"同一个世界"。

形形"色色"挡不住，大方和孩子谈性

这天放学之后，小晴见到奶奶便好奇地问她："奶奶我是从哪里来的？"这时——

"你是从垃圾堆里捡回来的！"奶奶不好意思回答这个问题，就用开玩笑的语气说道。但小晴听后却有些伤心和迷茫。

"你当然是从你妈妈的肚子里生出来的。"奶奶没有避开这个话题，而是借此机会告诉小晴"孩子"的由来。

祖父母不要受老旧思想的影响，觉得性是一件羞于启齿的事情。大方地和孩子谈性，反而更容易降低他们对性的好奇心。

祖父母常常会谈性色变，所以当孩子因为好奇和不解提出

"我是怎么来的""为什么男人和女人不一样""为什么他们躺在一张床上就有小娃娃了"等有关性的问题时，祖父母赶紧扭头避开，或者用一些含糊不清的话语敷衍过去。还有些老人觉得孩子提出这类问题过于早熟了，一定是孩子接触到什么不良的引导。

其实，孩子对于性的认知从小就开始了，相关专家曾从心理层面给出这方面的建议，认为在孩子3岁前要解决他们对于性别的认同问题，让孩子认识自己的身体，开始意识到自己与异性在身体结构上的不同。3~7岁，我们应该给孩子简单科普一些性知识。8~14岁，则要对孩子进行系统的性教育。

祖父母一定不要把性当成一件隐蔽、羞耻的事情，而是要正视性问题，大大方方地和孩子谈性。

浩宇今年11岁了，这天他在睡觉时发生了遗精现象，他不知道自己的身体为什么会这样，感到很害怕，于是把自己的内裤和床单都藏了起来。他不好意思将这件事情告诉家人，于是找爷爷借了手机，偷偷上网去查。网络上有一些不健康的视频，在好奇心的驱使下，他点开了视频。

没想到，这些视频看得他面红耳赤。看了一次之后，他还想再看一次，很快就被爷爷发现了端倪。

爷爷很生气，可又想着孙子即将进入青春期，对于性问题会越来越好奇，于是和孙子来了一场男人间的"私密谈话"，教给了他很多有关性的知识。

也正因为和爷爷的这番谈话，浩宇对于性也不再那么好奇，心情也变得轻松不少。

性问题本身是再正常不过的问题，孩子有好奇心也是正常的，祖父母应该帮助他们解开疑惑。总之，越是大方地和孩子谈性，对于孩子身心的健康成长就越有利。

用爱护航，科学应对孩子的网瘾

情景再现

每到周末，轩轩就不写作业，而是拿着平板电脑玩儿游戏，一玩儿就是大半天，这天——

❌

"别再看了，你的眼睛都近视了！"气急的爷爷夺过孙子手里的平板电脑，还把他给打了一顿。

✅

"轩轩，放下电脑跟爷爷出去玩儿。"爷爷先转移孙子的注意力，带他出去玩儿了大半天，回到家又和他一起写作业、玩儿玩具，让他忘记了玩儿电脑。

智能时代的到来让孩子的生活与手机、电脑、互联网紧密联系起来，祖父母要用科学的方式应对孩子的网瘾，否则容易适得其反。

　　生活中时常会听到不少爷爷奶奶抱怨，说是以前的孩子一放假就撒欢去玩儿，现在的孩子则一有时间就抱着手机、平板电脑不撒手，不是刷短视频就是打游戏，虽然国家关于网络游戏已经出了限制政策，必须要实名认证才可以玩儿，但孩子还是有自己的办法去应对。

　　网络世界丰富多彩，孩子又正是好奇心最旺盛的时候，而且他们的自控力很差，很容易被网络视频、网络游戏吸引住，如果大人不加以控制，孩子就容易网络成瘾，一旦成瘾，要想戒掉就很困难。

　　小天已经上小学四年级了，之前为方便上网课，妈妈给他买了一台平板电脑，也会让小天在学习之余玩儿一会儿。一开始，小天只是用平板电脑学习，可是有一次他在电脑上发现了

一个很好玩儿的小游戏，忍不住多玩儿了一会儿，再后来他就对这个游戏上瘾了，一天不玩儿就心里难受。

妈妈发现之后就不许他再用电脑玩儿游戏了，平板电脑也收了回来，但每次小天都等爸爸妈妈睡觉了，偷偷跑去爷爷奶奶的屋里，央求他们让自己玩儿一会儿手机。爷爷奶奶觉得孩子每天学习这么辛苦，玩儿一会儿游戏也没什么，就当劳逸结合了，于是瞒着孩子的爸爸妈妈，让小天把手机拿到他自己房间去玩儿。

只是他们没想到，小天说好玩儿一会儿就睡觉，结果一下子就玩儿了个通宵，早上还被妈妈给发现了。妈妈很生气，把小天和爷爷奶奶都批评了一顿。

网络游戏是最容易让孩子沉迷其中的，因为虚拟的网络世界对于爱冒险、好奇心重和探索欲望旺盛的孩子来说，是一个丰富绚烂的"新世界"，他们会迫不及待地投入其中，就像小天那样，不顾一切地要去玩儿心仪的游戏。

那么面对网络成瘾的孩子，祖父母应该怎么做呢？首先强硬的态度不可取，因为你越压迫，孩子可能越反抗；但放任纵容的态度更不可取，那只会加深孩子的网瘾，让孩子对网络更加成瘾。

我们应该用科学的方法来应对孩子的网瘾，比如，有教育专家认为，那些精神需求无法得到满足的孩子更容易依恋网络，所以平时生活中祖父母要重视孩子的精神需求，帮助孩子减少对网络的注意力，多带他参加户外活动、结交同龄朋友，培养他的兴趣爱好，合理帮他规划课外时间。

另外，祖父母要给孩子提供一个良好的家庭氛围，不要让孩子感觉到孤单、无聊，与他沟通上网问题时，也不要过于急躁、严厉。

给祖父母的育孙建议

祖父母应对孩子网瘾时，一定要言传身教，给孩子做好榜样。不许孩子看手机，我们就不能成天拿着手机不撒手，在孩子面前，应当把手机换成书本。同时，我们要给孩子建立规则意识，合理控制孩子的上网时间，并且要引导孩子利用网络来学习而不仅仅是玩儿游戏。

尊重隐私权，允许孩子有自己的小秘密

情景再现

奶奶要给孙女打扫房间，孙女却以自己的房间不许外人进入为由拒绝了，于是——

❌

"什么你的房间我的房间的，这房间谁都能进，奶奶怎么就成外人了！"奶奶态度强硬地闯进房间打扫。

✔️

"既然是你自己的房间，那你就要负责搞好里面的卫生，保持干净整洁，什么时候你允许了，奶奶再进！"奶奶没有生气，反而笑呵呵地走开了。

祖父母要注意不要侵犯孩子的隐私，要尊重和理解孩子保护自己隐私的行为。

隐私权是指公民享有的不被他人非法知悉、侵扰、利用、搜集和公开的一种人格权，其私人信息和私人生活安宁都依法受到保护。祖父母也许会说：孩子这么小有什么隐私权，若是大人不知道他们的事情，又怎么能更好地教育和引导他们呢？

爷爷奶奶有这种担忧完全可以理解，但我们可以通过适当的方式去了解我们的孩子，而不是通过侵犯他们的隐私或者翻看他们的秘密来获知我们想要的信息。

随着孩子年龄的增长以及心智的发育，他们渐渐都会有独属于自己的秘密，这些隐秘他们并不想让旁人知晓，一旦我们通过不正当的方式或者不经意地侵犯了孩子的隐私权，很可能会挫伤孩子的自尊心，让孩子难堪和痛苦。

不仅如此，不懂得尊重孩子的隐私权，还会打击孩子的自信心，破坏亲子关系，拉开我们和孩子之间的距离，当孩子再遇到什么问题时，他一定不愿意跟一个侵犯他隐私的人沟通。

惠然很快就要上中学了，她一直都有写日记的习惯，日记放在房间书架下的柜子里。

一次过节，家里来了很多客人，还有亲戚家的孩子，惠然回到家的时候，发现那几个调皮的孩子把她的日记都翻了出来，而且还当众读了出来。惠然很生气，她问奶奶为什么要让人进她的房间，还乱翻她的东西。

奶奶觉得没什么大不了的，说道："家里都是客人，你吵什么？你表弟他们不就翻了你几个本子吗？反正你天天写，又不是写了见不得人的东西，大家还都夸你写得不错呢！"

但是惠然却觉得大家脸上的笑容更像是嘲讽，自己就像被人扒光了衣服似的，非常受伤。她哭着回到房间关上了门，并且把自己这些年写的日记全都烧掉了，暗暗发誓以后再也不会写日记了。

如果奶奶在亲戚家的孩子进惠然的房间时及时阻止，或者叮嘱他们不要乱翻惠然的东西，就不会让惠然有种隐私被侵犯的不适，也就不会有后面不愉快的事情了。

　　祖父母不要以为孩子年龄小就没有隐私可言，孩子也是人，有着独属于他自己的人格和感情，在他成长的过程中需要独立的空间，更需要别人尊重他的隐私，这也是我们做人的一个基本要求。

　　很多爷爷奶奶也许会发出疑问：让我们尊重孩子的隐私权，但是孩子把什么都藏起来不让我们知道，我们又怎么能搞清楚他的困惑与苦恼是什么呢？又怎么能及时帮助他解决人生中遇到的问题呢？这时候，我们就要在生活中认真观察孩子的行为、情绪，多了解孩子的生活、学习情况，及时发现孩子存在的问题。

　　祖父母不要担心孩子有秘密，要尊重和理解他们想要的空间，信任孩子。

给祖父母的育孙建议

　　祖父母要学会给予孩子个人空间和时间，并尊重孩子的隐私，不要偷看孩子的日记、手机、书信，让孩子对私人空间和私人物品有一种安全感。要用平等沟通和信任的方式，让孩子感受到尊重与爱。

这样跟老师沟通，孩子更受器重

情景再现

孙子在上小学时英语成绩一直都很好，但是上了初中，英语成绩却不断下滑，爷爷知道后找到了他的班主任，然后——

❌

"你这老师怎么当的，我家孩子的英语成绩原来一直挺好的，怎么现在下滑得那么厉害？"爷爷一见到老师就先斥责对方。

✅

"老师，最近孩子的英语成绩下滑得厉害，你知道为什么吗？"爷爷见到老师先询问事情的前因后果，老师告诉他，可能是因为老师讲课太快，孩子还不适应。

祖父母和老师进行沟通的时候，态度一定要温和，切忌用斥责、质问、埋怨的语气。

很多祖父母要么不知道怎么和老师沟通，要么直接拒绝和老师沟通，还有些即便主动找老师谈论孩子的问题，却总是说不到点子上，当然还有一些祖父母因为过于看重自家孩子，一遇到孩子的问题，态度和言行就会比较激烈，最后导致和老师的关系变得紧张。

安良在小学期间英语成绩一直都很不错，但是上了初一之后，爷爷发现他英语成绩下滑得很厉害，阶段测试的时候，英语更是头一次考了不及格。爷爷问他："是不是初中英语变难了，你上课学不会？"安良摇了一下头，他对爷爷说："我不喜欢我们的英语老师，他讲课太快了，我根本听不懂！"爷爷没有先急着找英语老师，而是先通过安良的班主任了解了一下，得知安良的英语老师是一位小伙子，专业能力很强，对学生也十分热情，只是他刚当老师不久，教学经验不是很丰富。

于是，爷爷了解这些情况之后，专门找到了安良的英语老师，十分真诚地向他寻求孩子学好英语的方法，英语老师也和

安良的爷爷认真地就孩子的英语学习进行了一番沟通，双方谈得十分愉快，之后英语老师就把安良叫到身边，双方也坦诚地沟通一番，英语老师教给了安良一些学习英语的方法，上课时的语速也适当放慢。一段时间后，学生和老师磨合得很好，安良的英语成绩得到极大的提升，到了第二学期，他还当了英语课代表，与英语老师也像朋友一般相处。

安良的爷爷是个很智慧的老人，他通过和老师真诚的沟通，无形中拉近了孩子和老师之间的距离，也让老师感觉自己是被理解和尊重的，双方在友好的基础上自然能继续"合作"下去，达到了双赢的局面。

所以祖父母一定要尊重老师的职业和专业知识，学会积极地和老师主动去沟通孩子的问题，达到家庭教育和学校教育的互助合作，才是真正对我们的孩子好。

给祖父母的育孙建议

祖父母和老师沟通孩子的问题时，提出的问题一定要具体，要带着目的有主题地去谈，不要主观地只认为自己的孩子各方面都很好。要正视孩子的缺点，并且和老师探讨解决的办法。另外，和老师沟通要有耐心，既不要趾高气扬也不用刻意讨好。还要控制和老师沟通的时间，因为老师也需要个人的私有时间和空间。

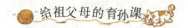

跟孙辈一起养成运动的习惯

情景再现

周末的早上，八岁的睦睦让爷爷陪他一起去公园打乒乓球，爷爷对他说道——

❌

"我老了，骨头都松了，让你爸陪你一起去吧！"睦睦很失落地低下头走开了。

✅

"好呀，爷爷也好久没有松松筋骨了，咱们一起去打球！"睦睦高兴极了，然后和爷爷一起去公园打球了。

生命在于运动，年纪越大越应该养成锻炼的习惯，和孙辈一起运动更能增进亲子之间的感情，可谓一举两得。

随着现代生活方式的改变，很多父母因为工作忙碌，经常没时间带孩子去运动，而每到周末，孩子做完作业，不是看电视就是看手机，别说运动，就是晒太阳都很少，长此以往对孩子的身心健康都是有害的。

祖父母一般生活都比较规律，时间也相对宽裕和自由些，很多老人都有晨练和跳广场舞的习惯。其实，可以跟孙辈一起运动，不但能锻炼身体，还能增进感情。

当然，运动的方式也有很多种，爬山、钓鱼、打球、散步、打太极、踢毽子等等，有些可以和孩子一起进行，有些可以在同一个运动场合例如公园里进行，然后选择各自喜欢的运动项目，老人和孩子都能在运动中获得益处。

运动是健康的源泉，也是长寿的秘诀。适度的运动可以让人保持充沛的体力和精神，帮助宣泄人的压抑情绪，可以让人在运动中体会到快感和愉悦，对老人和孩子都很好。

老人到了一定年龄身体或多或少都会出现一些问题，而孩子正是体力旺盛的时候，老人可以通过运动改善身体状况，而孩子可以通过运动强健体魄，培养乐观自信的人生态度。

老李头患糖尿病好几年了，后来又有了脂肪肝和高血压的问题。小孙子出生后，因为儿子儿媳要忙着工作，孙子就交给他和老伴来带，而老伴要忙着洗衣做饭，陪孩子玩耍带孩子出去遛弯儿的事情就交给了他。

一开始，老李头推着小孙子出去散步，等孙子大一些，他就陪着孩子一起去公园跑跑步、打打羽毛球，而随着小孙子长大，运动量也跟着加大了一些，他还跟着孙子去学了游泳课，后来自己也爱上了游泳。

　　再后来，爷孙两个一起去爬泰山、游长城，老李头的身体也越来越好，已经有好几年不吃药了，而且血糖、血压都恢复了正常，就连脂肪肝也没有了，别人见到老李头都说他年轻了好几岁，老李头总是笑着说都是他孙子的功劳，而且因为一起运动，爷孙两个的关系也非常好。

　　从老李头的故事中我们可以看出运动的确能改善人的健康

情况，而且大人带着孩子一起运动，会让孩子也爱上运动，大人坚持运动，也会让孩子学会坚持运动。

当然，每个孩子的性格不同，他们喜欢的运动项目也可能不同，这个要根据孩子的兴趣爱好来选择。例如，有的孩子喜欢打篮球，有的喜欢踢足球，有的爱跳舞，有的爱跳绳。只有让他们先喜欢上运动，他们才能坚持到底，达到通过运动锻炼身体、培养心志的目的。

因此，祖父母平时应尽可能抽出时间同孩子一起去运动，这不仅对我们自己的身体好，对孩子的身体也好，而且在运动中，不但能使自己心情变得开朗，也可以借机对孩子的兴趣、爱好、能力和习惯进行培养，让孩子变得更加自信勇敢和乐观坚强。

给祖父母的育孙建议

祖父母在日常生活中可以合理安排孩子每天的运动时间，多营造运动的氛围，尽可能让全家人一起动起来。在选择运动项目时，要选择那些孩子喜欢的和适合他们年龄的。鼓励孩子多参加运动比赛，但也要考虑到安全因素，注意运动不要过度。

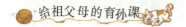

足够的陪伴也是教育的方式

情景再现

老师给学生布置了亲子阅读的作业，霖霖拿着书坐在了书桌前，这时——

❌

"你自己好好读书吧！"爷爷让霖霖自己看着拼音读，他在一旁忙自己的事。

✅

"爷爷陪你一起读！"爷爷坐在了霖霖旁边，给他讲书上的内容。

家庭教育的核心应该是足够的陪伴，而不是简单地陪着，决不能搞形式主义。

现在很多父母无法经常陪在孩子身边，对于孩子的生活和学习都参与得比较少，而缺少陪伴的孩子很容易胆小、自卑、性格孤僻，一旦遇到无法应对的难题，不能得到及时的引导，很可能会做出一些错误的判断，而祖父母更多的是充当"保姆"的角色，对于孩子的需求满足得远远不够。

这天，一位心理医生接待了一位刚上中学的女孩子，他发现这个女孩子总是低着头，似乎十分害怕和人对视。面对医生的一些基本询问，她也表现得很拘谨和不安，支支吾吾地说不清楚，甚至干脆沉默不语。没办法，心理医生只好单独见了她的家长，陪她一起来的是她的奶奶。

医生通过询问才知道这个女孩的父母常年在外地工作，一年也就春节会回一次家，平时和女孩的沟通也比较少，而女孩的爷爷奶奶虽然和她生活在一起，但平时也都自己忙自己的事情。

医生对奶奶说："初步判断，这个孩子的心理问题和你们的养育模式有关。"奶奶十分不解，她对医生说："我们从未打骂过她，吃的喝的穿的也都没委屈她，别的孩子有的她也都有。"

"那你平常和孩子在一起聊天聊得多吗？你们会一起做很多事情吗？"医生紧接着问道，奶奶愣了一下，然后说道："我和孩子能有什么聊的？她学习上的事我又不懂，而且我还有自己的事情要忙。大人的事情她也不懂，能和她一起做什么事情？"

医生建议这个奶奶回去之后多和她的孙女聊聊天，哪怕是一些无关紧要的事情，平时做什么事情可以和孩子一起。如果有可能，让孩子多和她的父母待在一起或者经常打电话、视频聊天。总之，要让孩子感受到家人的爱和陪伴。

孩子的每一个成长阶段都很重要，而足够的陪伴才是最好的教育方式，如果孩子的父母做不到，那么祖父母就要把陪伴的责任担起来。当然陪伴不是无时无刻不在孩子身边，而是要高效陪伴，例如，孩子学习时，你不要在一旁刷手机；孩子希望你能陪他玩一会儿时，不要拒绝；孩子害怕去做一些事情时，你要在他身边鼓励他去尝试；陪孩子一起阅读和运动，尽可能多参与他的生活和学习，但要注意分寸和尺度。

给祖父母的育孙建议

祖父母即使再忙也要抽出时间陪伴孩子，要给孩子创造一个安全、信任和温暖的家庭氛围，时刻关心孩子的变化，不管是身体上还是心理上的。平时要多和孩子互动，在平等和理解的基础上，根据孩子的性格选择适当的交流方式，对于内向的孩子，祖父母也可以通过书信、微信聊天等方式和孩子沟通。

第 **4** 章

温柔教养不打骂

——打破代沟隔阂，学会平等沟通

好话三遍淡如水，坚决不唠叨

情景再现

外面天寒地冻，但是贪玩儿的皮皮还在院子里玩儿水，爷爷看到后——

❌

"别玩儿水了，我都和你说了一百遍了，你怎么就不听！再玩儿水，我可就揍你了！"爷爷开始生气地数落起皮皮，但皮皮根本不听。

✅

"这么冷的天玩儿水最易感冒，感冒就要吃药，药好吃吗？"爷爷故意反问皮皮，皮皮回答"不好吃"，然后就不玩儿水了。

祖父母要克服唠叨的毛病，否则很容易让孩子出现逆反心理，达不到教育的效果。

多数家长总认为话多说几遍孩子自然就能记住了，于是唠叨成了教育孩子的一个"法宝"，但唠叨真的会带来很好的教育效果吗？答案可能会让爷爷奶奶们失望。因为唠叨并不能解决孩子遇到的问题，相反孩子在面对家长的唠叨时往往会很逆反。

唠叨会让孩子产生焦虑、恐惧、自卑等负面情绪，更会无意中强化孩子的一些错误行为和习惯，或者激起孩子的逆反心理，让孩子和家长对着干。另外，大人的唠叨还会让孩子缺少主观能动性，变得缺乏责任感。

而唠叨之所以会收到这样不良的教育效果，是因为我们的唠叨大多是没重点的唠叨、翻旧账式的唠叨、道德绑架式的唠叨，这些唠叨根本达不到教育的目的。

奶奶每天早上五点半就起床，洗漱之后就给孙子准备早饭，等到饭菜端上桌子，奶奶就开始一遍又一遍地叫孙子起床。不知喊了多少遍，孙子才慢悠悠地起来，奶奶又催着他赶紧穿衣服，然后让他去洗脸刷牙吃饭。这时，奶奶会在孙子身后一边收拾，一边唠叨："昨天让你早点儿睡，你就是不听。早上还要上学，喊了多少遍你也不听，看看现在几点了？换下来的衣服也不知道放好，整天这个家都被你弄得乱七八糟的。你就知道给我找麻烦，光是收拾你的烂摊子，我都收拾不完。还不快点吃饭？吃饭别这么快，别噎着了。多吃点儿蔬菜。鸡蛋必须吃一个。天天和你说，你怎么就是不听呢……"

　　奶奶在旁边喋喋不休，孙子翻了个白眼，根本没把奶奶的话听进去，该怎么做还怎么做，也没有给奶奶任何回应。奶奶更加生气了，又开始唠叨，最后孙子只吃了一半就去上学了。

　　生活中像以上奶奶和孙子的情况在很多家庭都出现过，爷爷奶奶们就不明白了，明明是为了孩子好，他们怎么就不听呢？其实这也不能全怪孩子，是我们用错了方法，不见得说得多了、重复得多了，孩子就能听进去。相反，有时候你可能只说了一遍，孩子就记住了。

例如，我们不希望孩子感冒，面对孩子"我不冷，我不穿外套"的行为，与其唠叨着让孩子遵从我们的想法，不如了解他真正的需求，尊重孩子自己的判断和行为，让他自己去感受一下天冷不穿外套的后果，等到下次不用家长提醒，他自己就知道需不需要穿外套了。

另外，祖父母总是习惯去照顾孩子，也习惯以"过来人"的经验去教导他们，希望孩子能够少走一些弯路，所以总想用唠叨的方式让孩子听我们的话。其实，我们应该给予孩子空间，把"说教"演变成"爱"。

给祖父母的育孙建议

祖父母平时在教育孩子时，应尽量使用简短的词句让孩子明白你的意思。若你想对孩子发出一个指令，例如睡前刷牙，你可以让孩子将指令用他自己的话重复一遍，便于孩子理解和加深记忆，不要急着催孩子去行动，而是要给他时间。祖父母还要学会放下身段换位思考，站在孩子的角度去理解、尊重和信任他。

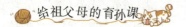

科学养育就是和孩子好好说话

情景再现

卓卓把爷爷最珍贵的手表给拆坏了，爷爷知道之后——

❌

"你个'熊孩子'，今天我非打死你不可！就知道败家的玩意儿，你就不能老实待着！"爷爷逮着卓卓就痛骂一顿，吓得卓卓瑟瑟发抖。

✅

"没关系，爷爷带你去钟表店开开眼界，让你好好看看手表里的构造！"爷爷态度很平和，并没有急着斥责卓卓，反而借此机会满足孩子的好奇心。

稳定的情绪，平和的语言，是祖父母在教育孩子时必须要具备的能力。

《小王子》里有这样一句话："世界上最有征服力的武器是

语言。一句话可以让一个人心情跌落谷底，一句话也可以让一个人重振力量。"语言的力量的确是巨大的，对于心灵稚嫩的孩子而言，狂风暴雨式的言辞会给他很大的打击和伤害，而春风化雨式的平和言语则会让他感受到温暖与安全。

有些祖父母平时在和孩子沟通时，常常会用命令式的语气让孩子去做事，孩子畏惧成人的威严和强硬态度，即使按照大人说的去做了，也是心不甘情不愿的，甚至会产生逆反心理。也有些老人喜欢用否定和放任的方式和孩子说话，要么出口对孩子就是批评、指责和不信任，要么就是对孩子的事情不发表任何意见。

当孩子面对的是大人打击、斥责、严厉甚或急躁、凶狠的说话方式，要么他会畏惧、胆怯、不敢表达自己的真实想法，要么会"有样学样"，以同样的方式对待大人。相反，如果我们用平和的言辞同孩子好好说话，会很容易获得孩子的尊重和信任，也会培养孩子稳定的情绪。

网络上流传着这样一个视频，有一个小女孩独自坐在饭桌边，一不小心，她把桌子上的一杯饮料碰倒了，饮料杯子瞬间就从桌子上掉了下来碎了一地。

小女孩吓了一跳，有些手足无措，赶紧拿起还剩了一半的饮料找到了妈妈，有些怯怯地说道："幸好还有一点儿。"

妈妈看到后，并没有严厉斥责孩子，而是立即拿来了扫把清扫地面，言辞平和地对孩子说道："下次你可要小心点儿，别再浪费了。"

孩子微微有些惊愕，反复说道："我把东西弄碎了，以为你会骂我！"

妈妈对她说道："说你干什么，不就是一杯饮料吗？这都是小事情，没关系的，你不是答应我下次会小心吗！"

孩子还是担心会被骂，强烈要求亲一下妈妈，妈妈答应了她，小女孩这才真正放松下来，然后主动要求一起清理垃圾。

很多网友看完这个视频之后都发出了感慨："原来打碎东西真的不会挨骂！"还有网友说，小时候如果自己不小心打碎

了一个碗，不是被揍一顿，就是被骂得抬不起头，好像自己做了什么十恶不赦的事情一样。

中国人常说："良言一句三冬暖，恶语伤人六月寒。"我们在教育孩子时，不管是出于有意还是无意，说话一定要平和慎重，哪怕我们是出于关心孩子的目的，也不要用粗暴的语言去让他"听话"。

另外，祖父母要允许孩子犯错，并且在孩子犯错时，不要先急着批评和指责他们，甚至言辞激烈地希望他马上改正错误，而是要好好和孩子沟通，保持情绪稳定平和，这样我们也才能得到孩子的尊重和信任。

给祖父母的育孙建议

祖父母和孩子说话时声调要尽量低下来，注意自己说话的态度和措辞，一定不要用一些带有侮辱、偏见和否定的词语，要用平等交流的方式和他谈论问题，例如，"爷爷不太喜欢你这样做"或者"如果你愿意的话，我们可以坐下来好好谈谈这件事情""对于这件事情，我们可以一起想想办法解决"。

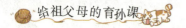

共情——教育孙辈最好的方式

情景再现

弟弟把小雨最爱的玩具弄坏了，小雨一气之下把他打哭了，目睹全过程的爷爷——

❌

"弟弟这么小，你就不能让着他？不过是个玩具罢了，坏了就坏了，没个哥哥样儿！"爷爷把小雨给训斥了一顿，小雨顿时委屈极了。

✅

"弟弟弄坏你心爱的玩具是他不对，但他年纪小，又不是故意的，你可以好好和他讲道理，打人可是不对的！"小雨听了爷爷的话，也觉得自己不应该动手打人。

祖父母在教育孩子时应以共情为前提，这样才能真正理解孩子的想法，走入孩子的内心。

共情，也就是同理心，就是学会站在别人的角度去思考问题，感同身受地去理解其他人的想法。而在家庭教育里，共情就是我们懂得站在孩子的角度去理解和尊重他们的想法和行为，进而让孩子感觉到我们对他们的关心和爱。

假如一个家庭里没有共情，大人只会按照自己的想法和经验去教育和引导孩子，那么很容易会让孩子感到不被理解，孩子面对家中大人时也不敢提出自己的需求和意见，同时也会让孩子变得冷漠，缺乏同理心。

祖父母在和孩子沟通时，可以尝试利用共情，换位思考孩子为什么会有某些行为。例如孩子突然说脏话，站在大人的角度可能会担心孩子学坏了，而站在孩子的角度他可能纯粹是觉得好玩儿。所以遇到这类情况，我们不要先急着斥责孩子的不文明行为，而应站在他的角度告诉他，说脏话不是一件好玩儿的事情，是非常不礼貌的，这类行为是不被允许的。

小颖今年8岁了，别看她是个女孩子，从小却特别调皮，经常惹祸，上幼儿园的时候就常与班上的小朋友打架，还很喜欢顶嘴。

上了小学之后，小颖也没有收敛。因为爸爸妈妈工作忙，平时都是爷爷奶奶照顾她的生活学习，而在爷爷奶奶的认知里，这个孙女就是个"混世魔王"，把两个老人气得不轻。

这天，小颖在学校用彩笔把同学的校服画得乱七八糟，老师把双方家长都请到了学校，奶奶让小颖给同学道歉，但是小颖噘着嘴说："我才不道歉，我又没有错！"

　　小颖每次犯了错都说自己没有错，奶奶一听就恼火了，当场朝着她后背打了几下，让她赶紧给别人道歉，小颖大哭着说："我没错，我就不道歉，你就会和别人一起欺负我！"

　　老师赶紧上前阻止小颖的奶奶，并告诉小颖奶奶，是那个同学先用彩笔在她本子上画了几下，她气不过才拿彩笔画对方衣服的。

即便是听了老师的解释，对方家长也说是自己孩子有错在先，应该他们先道歉，但是奶奶依旧觉得小颖太不懂事，回去之后又把小颖给狠狠批评了一顿。从此之后，小颖反而变得更加难以管教了。

该案例中，虽然小颖的"报复行为"是不对的，但若是奶奶能站在她的角度思考问题，而不是和别人一起"欺负"她，孩子就不会有这么强的逆反心理。所以，祖父母要学会共情，同时也要教会孩子共情，让孩子也学会站在别人的角度去想一想。只有互相理解才能让沟通变得顺畅，也才有助于我们更好地去引导和教育孩子。

给祖父母的育孙建议

祖父母平时要多注意观察孩子的情绪变化，多站在孩子的角度思考问题，尊重和理解孩子的想法与需求。同时祖父母也要鼓励孩子换位思考，引导孩子理解他人。另外，祖父母也要以恰当的方式应对自身以及孩子的情绪，让孩子感受到你是他这一边的，而不是站在孩子的对立面。

老人怎么听，孩子才会说

情景再现

这天放学之后，孙子见到奶奶便兴奋地和她讲述自己的梦想，这时——

❌

"你叽里咕噜地说的什么，奶奶听不懂。"奶奶有些不耐烦，走开去忙自己的事情了。

✅

"你说得真好，奶奶支持你的梦想。要完成这个梦想都需要做什么？"奶奶一脸兴奋地听着孙子讲话，眼中满是期待和欣喜地问道。

孩子与人沟通时容易表达不清晰，这时祖父母不要不耐烦，不然孩子会失去继续沟通的欲望。

很多老人也许会说自己生活中也在听孩子说话，但孩子似乎不愿意和自己多交流，这时候祖父母就要好好反思一下，自己到底是怎么听孩子说话的。是不是孩子一说话，不是嫌弃他说话慢，就是埋怨他前言不搭后语？是不是孩子想和你交流，你要么拒绝，要么一心两用，根本没把全部注意力放在他身上？是不是孩子一同你沟通，你对他不是否定、批评就是埋怨、嘲讽？

孩子非常希望有个人能用心地听他说，这会让他觉得自己被理解和尊重，可要是"听"的人只是敷衍了事，没有用心，那么，孩子就会很失望，也就没有了继续沟通的欲望。久而久之，孩子就没有了谈话的兴趣。

顺顺放学后拿着一张小奖状回到了家，见到爷爷就高兴地扬起奖状说道："爷爷，你看，我拿到奖状了！"爷爷接过奖状一看，见上面写着"卫生标兵"的字样，嫌弃地说道："我还以为是什么奖状呢，原来是打扫卫生厉害，你得拿学习优异的奖状才行，卫生打扫得好能有什么用，长大去做清洁工吗？"

对于爷爷的回答，顺顺显得很失望，但他还是鼓起勇气说道："可是，我们班只有两个人拿到了这个奖状，老师都说我表现得很好。"

爷爷说道："打扫卫生好有什么用？你该把心思用在正经事情上，好好学习才是你应该做的！"说完，爷爷就走开了。顺顺本想再和爷爷说些什么，但最终低下头闭上了嘴。

最后，顺顺把奖状放在了床底下，以后有什么事情他也都不愿意再和爷爷分享了。

设想一下，如果爷爷在看到孙子得奖之后就夸奖和肯定他，用心听孩子讲述获奖的经过，那么孩子一定会很自豪和开心。反之，打击了他的自信心，孩子就会对自己的能力产生怀疑，也不愿意再和大人多说什么了。

因此，祖父母要学会倾听孩子，这样才能让孩子更加自信、健谈，无论孩子是兴奋、沮丧还是悲伤、委屈，我们都应该用心听他们说话，帮助和引导他们去应对遇到的一切问题。

给祖父母的育孙建议

祖父母平时要多鼓励孩子发表意见和看法，并且用温和的语言、专注的眼神和动作，让孩子感受到你对他的尊重和关注。同时，祖父母要对孩子多说肯定、鼓励的话，帮助他释放不良情绪，还可利用一些提问式语句激发孩子表达的欲望。

换个方式对孩子说"不"

情景再现

时间很晚了，但孙女还想再看一会儿电视，奶奶走了过来——

❌

"都几点了还看？马上关掉！再不听话，我就告诉你妈，让她好好批评你！"奶奶夺过孙女手中的遥控器，态度强硬地关掉了电视。

✅

"你现在不睡觉，明天上学就可能迟到。而且总看电视对你眼睛不好。如果你愿意承担这些后果，那你自己就继续看吧。"奶奶始终态度温和。孙女想了想，关掉电视睡觉去了。

祖父母态度粗暴、强硬地拒绝孩子，只会引起孩子的反感和不顺从，用温和的态度效果会更好。

祖父母是不是常遇到这种情况：当孩子对你提出一些不合理的要求时，你直接拒绝了他们，但孩子开始"耍手段"，不是哭闹、撒泼就是对你软磨硬泡，老人一心软，就答应了孩子的要求。而下一次的时候，他还会用同样的手段从你这里达到目的。

因为年纪小，孩子自控力较差，而且对于很多事情都无法做出正确的判断，所以常常会提出一些不合理的要求，而祖父母必须要学会合理地拒绝孩子，让孩子学会取舍，不能无止境地满足孩子的欲望。

原本爷爷答应周末带着舟舟去公园坐"海盗船"，但因为临时有事，爷爷决定下周再带舟舟去。期待已久的舟舟得知这个消息后大发脾气，还砸了爷爷最爱的酒壶。

从此以后，舟舟开始不愿意配合大人，让吃饭不吃，让学习不学，让睡觉也不睡觉，爷爷也生气了，很严厉地批评了舟舟，但舟舟却冲他喊道："你管我干吗？你不带我去，我就自己去！"

爷爷一听也烦了，回道："有本事你就自己去，以后想让我给你买这买那，根本不可能！你这样不听话，还想让我带你出去玩儿？想都不要想！"

舟舟听爷爷这样说，心里更是委屈极了，他决定要"惩罚"一下爷爷，于是一个人偷跑出去了，半夜都没回家，吓得爷爷报了警。而爷爷找到他之后便答应第二天就带他去坐"海盗船"，还给他买了很多好吃的"压惊"。

从这之后，舟舟就找到了让爷爷"屈服"的方式，只要爷爷不答应他的请求，他就用离家出走、绝食、跳楼这些极端手段"威胁"爷爷，而爷爷最后一定会答应他的要求。

舟舟的"计谋"之所以能够得逞，根源还是爷爷没有学会换一种方式拒绝他。如果一开始爷爷就能用恰当的方式拒绝舟舟，并且让舟舟心甘情愿地接受被拒绝的结果，那么也就不会有后来那么多事情了。

其实，拒绝是一门艺术，有时候同样的一件事情，如果祖父母换种方式和孩子说"不"，那么结果很可能是不同的。

例如，孩子总把零食当饭吃，你严厉独断地呵斥他或者禁不住他的哭闹而妥协了。前者会让孩子对零食更加向往，甚至在你不知道的情况下，他们会偷偷吃更多的零食；而后者会助长孩子对零食的欲望，并且会不断试探你对他的底线，以后甚至会提出更过分的要求。但如果你换一种方式，让孩子意识到零食吃太多对身体很不好，引导他健康地生活，那么他对零食可能就没有那么喜爱了。

因此，祖父母要懂得用合理的方式去拒绝孩子的不合理要求。当然，没人会喜欢被拒绝，所以在拒绝孩子时，祖父母要注意安抚孩子的情绪，一定要向孩子讲明白拒绝他的理由。而且一旦拒绝说出了口，祖父母就不要出尔反尔，让孩子以为还有条件可讲。

给祖父母的育孙建议

祖父母如何对孩子说"不"，才能让孩子不受那么大的伤害呢？首先，祖父母拒绝孩子的理由要正当、充分和合理，不要一味责怪孩子的要求无理，要用肯定的语气代替否定。而且不要长篇大论地同他讲道理，而是要用简短的语句说明意图。同时，也要给孩子提供不同的选择，让他去权衡利弊，做出取舍。

孩子也有自尊心，请私下批评他

情景再现

奶奶带着十岁的孙子去走亲戚，结果孙子不小心弄坏了亲戚家的东西，这时候——

❌

"你这孩子就知道调皮捣蛋，手脚就不知道慢点儿？干啥啥不行，闯祸第一名！"奶奶当众对着孙子就是一顿骂，孙子羞愧地低着头。

✅

"奶奶知道你不是故意的，东西弄坏了咱们赔，下次注意就行了！"奶奶没有当着大家的面批评孙子，而是和孙子一起给亲戚道歉，回家后才批评孙子太调皮。

祖父母要懂得维护孩子的自尊，因为没有孩子会喜欢当众被打骂和揭短。

"打人不打脸，骂人不揭短。"对于大多数的孩子来说，他们性情敏感又脆弱，而且都有极强的自尊心，被人当众训斥或者批评，会让他们觉得很受伤。但很多老人对此却不以为然，认为当众说出孩子的缺点错误不是什么大不了的事情，该批评的时候就得批评。

著名教育家苏霍姆林斯基说过："如果不去加强并发展儿童的个人自尊感，就不能形成他的道德面貌。"换句话说，当我们不懂得维护孩子的自尊，就很容易让他变得自暴自弃，同样孩子也学不会去尊重别人。

生活中，祖父母非常有必要去维护孩子的自尊，要明白要求自尊不是孩子的伪善和虚荣，而是孩子自爱自重的表现。

周末，上小学四年级的康康约了几个同学到家里来玩儿，他带着同学进了自己的房间，然后让奶奶给他们洗一些水果并拿点儿零食吃，奶奶笑着给康康和同学们准备了零食和水果，并且端进了房间。

这时，几个同学正在称赞康康的房间很整洁，一个同学还说，康康的房间根本不像男生的房间，东西都摆得整整齐齐、干干净净的，大家都拍着康康的肩膀笑着夸着。

这时，奶奶却在一旁揭起了康康的短，对他那些同学说道："这孩子平时哪有那么爱干净，东西扔得到处都是。是因为你们要来，他一大早就让我给他收拾的。瞧瞧那些脏袜子，还都没洗呢！"

康康顿时臊得脸通红，有些不满地看着奶奶说："你快出去吧，说这些干什么？"奶奶反而有理地说道："我是让你这些同学知道你的'真面目'，看你以后知不知道自己收拾房间！不要整天弄这些面子功夫，还不让大家知道你本来是什么样子？"

同学们听着康康和奶奶的对话，瞬间明白过来，原来今天康康的房间是特意打扫过的，而且还是奶奶帮忙打扫的，便开玩笑地说道："原来你这屋里也是个'猪窝'呀，我还以为你真的爱干净呢！"

康康觉得因为奶奶的揭短让他瞬间成了同学眼中的笑话，心情一下子糟糕了，大声嚷着让奶奶出去，口气也很严厉。奶

奶也觉得受了伤害，不明白自己只是说了两句实话，孙子怎么还生起气来了。

而康康觉得在同学跟前丢了面子，玩了一会儿就把同学都送走了，还把自己的房间门锁上了，奶奶怎么喊他，他都假装没听到。

奶奶没有考虑到康康的自尊心，在同学面前揭他的短，康康自然会很生气，所以对奶奶他也不讲情面了，这种互相的伤害行为很容易影响亲子关系。

因此，祖父母一定要懂得维护孩子的自尊心，尤其是在一些公众场合，就算是批评和纠正错误，也要私下里进行。这样我们才不会伤害孩子的自尊心和自信心，给他留颜面，就是给我们的关系留余地。

给祖父母的育孙建议

祖父母要分清场合，注重孩子的感受，私下里批评和指正他的错误，尽量不要在公众场合、熟人面前、饭桌上或睡觉前批评孩子。另外，私下批评孩子时，一定要客观、公正，以平等和尊重为前提与孩子进行交流。

别和叛逆期的孩子较劲

情景再现

时间已经很晚了，奶奶让孙女关了手机去睡觉，但是孙女出言顶撞了奶奶，于是——

"让你关掉就关掉，你还学会顶嘴了，再不听话，这手机我给你砸了！"奶奶生气地把孙女骂了一顿，并把手机关掉了，但她刚关掉，孙女就又抢过来打开了。

"手机明天还可以看，但现在不睡觉，你上学就会没精神，如果为此被老师批评，你是不是也感到丢脸？你自己看着办吧。"奶奶态度温和地说道，孙女想了想关掉手机睡觉去了。

　　祖父母尽量放宽心态面对叛逆期的孩子，用温和的态度去引导他们而不是和孩子对着干。

　　每个孩子都会经历叛逆期，孩子叛逆是正常现象，祖父母不必如临大敌一样不知所措。一般来说，叛逆期分为3岁前的婴幼儿叛逆期，6岁至8岁的儿童叛逆期，然后就是青春叛逆期。而通常处在叛逆期的孩子，会出现不听话、反抗意识强、爱顶嘴、情绪不稳定、打架、厌学、逃避等行为，这些叛逆行为都会让大人很头疼。

　　事实上，当一个孩子变得叛逆，也就意味着他在长大和成熟，开始有了自己的思想和主见。但孩子的思想和他所做的决定未必是正确的，他的认知也很可能不全面，他即便有很多的想法和主意，但因为没有足够的阅历和经验，所以展现在成人眼里的就可能是另一番景象。例如，他觉得帮助朋友打架是仗义，但在大人眼中他那是冲动和不计后果。正因为孩子眼中的世界或许和大人眼中的世界不一样，所以祖父母才不能用成人的思维去和叛逆期的孩子较劲。

　　小木今年10岁，他一直都是个活泼开朗的男孩子，但是最近爷爷奶奶发现他脾气越来越大，和大人说话总是顶嘴，而且动不动就摔门拍桌子的，爷爷奶奶让他去做的事情，他不是推三阻四地表示不愿意，就是表现得很厌烦。

　　"这孩子是怎么了？"爷爷觉得孙子有些反常，和小木的父母聊了孩子的情况，小木的父母觉得孩子是到了青春期，开始有了逆反心理。他们也发现小木的行为越来越奇怪，担心孩子会出问题，就带他去看了心理医生。

心理医生经过询问之后，认为小木这是典型的儿童叛逆心理，和生长发育、青春期都有关，这也是他会和家人产生冲突的原因。医生建议小木的家人多理解和尊重孩子的感受，不要试图用强迫的手段让孩子去做他不想做的事情。平时家人多和孩子积极地沟通，给予他更多的关心和爱。同时给孩子创造一个良好的家庭氛围，也可以通过制定一些规则让孩子去遵守，以此来帮助孩子克服叛逆心理。

小木的家人听从了医生的建议，爷爷和爸爸还一起拉着小木外出运动或者旅游，让小木发泄不良情绪。他们还会进行"男人之间的对话"，让双方都能了解彼此的想法和感受。很快，小木的叛逆心理得到了缓解，他也渐渐学会了控制自己的行为和情绪。

当孩子有了叛逆心理时，他就不再像个乖顺又听话的宝宝，而是像个"斗士"一样展示着他的不满，有一种"你让我做什么，我就偏不做什么"的反抗意识，而这种反抗意识的背后很可能是他内心某种渴求。比如，渴望获得关注和认同、对未知的好奇和探索、焦虑和不安，等等。了解到背后的真正因素，我们才能更好地去引导叛逆期的孩子。

给祖父母的育孙建议

祖父母要允许叛逆期的孩子不听话，允许和理解孩子叛逆期的各种情绪。祖父母面对叛逆期的孩子更要保持冷静和耐心，用开放、平等和信任的态度与孩子保持沟通。另外，要和叛逆期的孩子制定一些明确的界限和规则，以增强孩子的责任感，让他明白有些底线是不能碰触的。

孩子需要奖惩机制

情景再现

孙子数学成绩一直都很不理想，眼看就要小升初，爷爷着急了——

❌

"别人都能学会，你怎么就学不会？上课再不好好听，我就打断你的腿！"爷爷口气严肃地对孙子说道。

✅

"只要你上课认真听讲，好好学习数学，下次成绩上去了，爷爷就给你奖励，带你去海洋馆。"爷爷知道孙子一直很想去海洋馆，就以此为奖励刺激他道。

一定的奖惩机制能够激发孩子的进取动力，必要时祖父母可以采取此种方式教导孩子。

祖父母在和孩子相处时常常会发现孩子存在各种各样的问

题，例如，做什么事情都三分钟热度、一遇到困难就很难坚持下去、因为对未知充满恐惧和不安而放弃机会、做事情缺乏分寸感和自控力、经常会重复犯同样的错误，等等，而这时候就需要奖惩机制来帮助孩子获得进取心和激发他们学习、生活的积极性，让孩子朝着积极的方向健康发展。

通常来说，奖励可以激励孩子学习，提高他学习的主动性和积极性，培养孩子的自信心、好习惯和好性格，而合理的惩罚方式也可以帮助规范孩子的不良行为，但奖励和激励也存在依赖性。因此，无论是奖励还是惩罚都是要讲究技巧和方法的。

例如，祖父母可以多给予孩子精神奖励而少给他们物质奖励。精神奖励可以是鼓励、肯定、表扬、欣赏，也可以是拥抱、鼓掌、微笑等亲密的身体语言，而不是动不动就用昂贵的物品甚至现金来奖励孩子。另外，还可以给孩子活动奖励，比如，带他出去旅游、运动或者一起玩儿亲子游戏。而对孩子的惩罚，祖父母在注意分寸的同时，一定要坚持执行，态度最好强硬些，不要自己制定的规则自己先破坏。

这天一大早，柳柳就问奶奶道："奶奶，今天是周末，我可以去找小童玩儿吗？"奶奶回答道："可以，你去吧，不过你必须在吃午饭前回来。"小童是柳柳的同学，和她住在同一个小区，只是隔着两栋楼而已。柳柳答应奶奶一定会在午饭前回来，但是柳柳和小童玩儿得太开心，回到家的时候已经到下午两点了，就连午饭都是在小童家里吃的。

奶奶见小童没有按约定的时间回来，并没有生气。而小童一回到家就赶紧换衣服，因为奶奶答应她要去看电影的，但是奶奶指着墙上的钟对她说道："时间已经错过了，电影没法看了。"柳柳很伤心，问奶奶真的不能去吗。奶奶没有让步，惋惜地说："不能去我也觉得可惜，但有什么办法呢？你把约定的时间忘了。"

　　面对孙女的过错，奶奶并没有惩罚她，而是让她明白了一个道理：如果他人的要求是合理的，是你没有遵守约定，那么结果必须你自己承担。

　　事实上，奶奶采用的是自然惩罚法，也就是自然后果处罚法，这是著名的教育家卢梭提出来的一种教育方法。他认为，不要为了惩罚而惩罚，而是让孩子意识到这些惩罚是他自己不良行为造成的自然后果。使用此方法，我们一定要事先告诉孩子这种行为的后果，更要注重保护孩子的身心健康。

奖惩机制的最终目的都是让孩子能够拥有良好的学习能力、社交能力、执行能力，培养优秀的品格，进而成为一个积极向上的少年。所以，祖父母一定要学会用奖惩机制来引导孩子。

给祖父母的育孙建议

祖父母首先要明确家庭的价值观念，给孩子设定明确和公平合理的奖惩机制并贯彻执行。同时，要注重奖励和惩罚的及时性和一致性，要选择合适的奖励方式和惩罚方式，明确告诉孩子什么该奖，什么该罚，让孩子明确自己的行为和态度可能引发的后果，进而找到对和错的界限。

有些话，请不要对孩子说

情景再现

这天孙子对爷爷说，他想和几个同学骑自行车去河道玩儿，爷爷听到后——

✖

"不能去！我说不能去就不能去，你要是敢去，我就把你锁在家里边。"爷爷非常严肃地对孙子命令道。

✔

"河道很危险，即便是有大人跟着，那里也常常发生溺水事故，你们还是去公园骑自行车玩儿吧。"爷爷给出了自己的建议，口气也很温和，孙子想了想就决定不去河道了。

祖父母不要小看一句话的力量，有时候就是一句话毁掉了孩子的身心健康。

《人民日报》曾刊登过最伤孩子的七句话，这七句话分别是："住嘴，你怎么就是不听话？""我说不行就不行！""我再也不管你了，随你的便好了。""一看你就没多大出息，将来就捡破烂吧！""就知道玩儿，一学习就没精神！""你怎么就不如别人？""你又错了，真笨！"其实，不止这七句话最伤孩子，诸如："你还委屈上了。""一点儿本事没有，就知道哭。""我说什么你就得听。"都会成为刺伤孩子心灵的利器。

很多爷爷奶奶也许会发出疑问："不过是一句话，真有这么大的力量吗？"当然，永远不要低估一句话对孩子的伤害，那很可能影响他的一生。

国外有位心理学家曾做过一项荒诞而又疯狂的"口吃实验"，他选取了二十二名儿童作为实验对象，其中有十名口吃儿童，十二名正常儿童，然后随机将这些孩子分成两组。实验正式开始之后，研究人员会对其中一组儿童采取正向积极的疗法和语言暗示，尤其是对该组的口吃儿童，研究人员总是鼓励他们勇敢表达，称赞他们讲话流利，暗示他们表现得很棒。而对另一组儿童，研究人员则采取消极暗示的方法，尤其是对那些原本口齿伶俐的正常孩子，研究人员却说他们口吃，说话不清晰，总是打击和暗示他们表现得不好。

很快，实验有了结果，那些原本并不口吃的孩子反而说话结巴起来，甚至拒绝和人交谈，以为自己有口吃的问题。直到六十多年后，当年参加过该实验的一个人怒斥道，她原本口齿伶俐，却因为这场实验彻底毁了自己的一生。她说自己因为这场实验受尽了打击和嘲笑，从此变得自卑和抑郁。

这场实验是不人道的，但也从一个侧面证实了语言可以对人产生的强大力量。一句假话说上千万遍，可能就会让人以为是真的，而孩子原本就对自己的能力和认知缺乏准确的判断力，很容易受到外界的影响。

例如，你经常用暗示的语言告诉孩子他很笨，他的学习能力不强，甚至他天生是愚蠢的，那么孩子就真的会以为他不聪明，什么也学不会，失去了对自身正确的判断。

其实，祖父母在同孩子说话时，并不是有意要伤害孩子，可当你对孩子说"住嘴，你怎么就不听话呢"，真实目的可能是告诉孩子你的建议才是最正确的，但孩子很可能理解成他不应该有自己独立的想法。

祖父母总希望孩子能意识到错误，能在未来少走一些弯路，希望孩子能更加努力、奋进，所以在指正和引导孩子时，难免就用一句话直接做出判断，甚至给孩子贴上了标签。

其实，只要祖父母多一些耐心和理解，接纳孩子的幼稚、不成熟，理解他们的能力有限，尊重孩子的个体差异，多用积极正面的语言暗示和鼓励他们，那么孩子就会理解你的苦心，愿意和你进行沟通和交流。

给祖父母的育孙建议

祖父母不要对孩子说那些令他受伤的话，也不要随便给他贴上"你真笨""你就是调皮捣蛋""你没有这方面的天赋"等标签，而应多说温暖鼓励的话语，学会用积极暗示法，引导孩子朝着积极健康的方向前进。

第 **5** 章

耐心引导不急躁

——养成良好习惯，塑造优秀品格

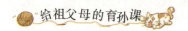

不怕做"头儿"，培养孩子的领导力

情景再现

落落是小区的"孩子王"，这天他又和几个孩子聚在一起玩，爷爷看到后——

❌

"就知道扎堆调皮，万一出了事他们都该怪你领头了，跟爷爷回家！"爷爷强行将落落带走了，他认为孩子还是不要去做"出头鸟"。

✅

"落落，你带着你的这帮朋友玩可要注意时间和分寸，不能带着他们调皮捣蛋，要做个合格的'头儿'。"爷爷倒是觉得孙子做"孩子王"是一件好事。

培养孩子的领导力有助于激发出孩子的其他各种能力，让他在人际关系和未来发展中获得优势。

美国组织行为学教授，《儿童领导力》作者艾伦·尼尔森曾说："领导力是一个过程，是帮助人们团结在一起完成个人无法完成的事情，而领导者就是让这个过程发生的人。"而一个具备领导力的孩子，他也必须具有一定的组织能力、管理能力、交际能力和决断力。

不过祖父母要明确一个概念，领导力不等于领导，它是一种能力，而不是一种权力，更不是让孩子"当领导"，或者学着管理别人，而是让孩子具备一种面对困境和问题时能够积极正面地对他人产生影响力的能力。这种能力对每一个孩子来说都是必需的，而且培养孩子的领导力宜早不宜迟。

从安国很小的时候起，家人就有意培养他的各种能力，小时候的他性格比较害羞腼腆，家人就经常带他出去和别的小朋友玩儿，有意识地锻炼他的胆量和交往能力。而在和同龄孩子的相处中，安国的性格也渐渐变得开朗阳光起来。

等到安国大一些，家人鼓励他去主动制订计划并逐步完成。比如，在他8岁的时候，家人让安国办一次生日会，邀请他的同学和朋友来家里做客。从主题的策划到确定，以及生日会物品的准备和会场的布置，到邀请客人和答谢回礼，家人都按照安国的想法把任务细化。在这个过程里，安国表现得非常热情和自信，动手能力也得到了锻炼，家人在一旁协助他，最后生日会办得很成功，安国也很有成就感。

到了安国10岁上三年级的时候，他已经成长为人群中自带光芒的那个人，非常有自己的想法和决断。在班长竞选中，他用演讲的方式来介绍和推荐自己，出色的口才和他本身具有的能力，让同学们都对他非常信任，最后他成功地当选了班长。

在安国的身上我们可以看出多种能力，如组织能力、社交能力、学习能力、计划能力、表达能力，以及自信、勇敢和进取心等，这些都是他的魅力。而一个具备多种能力和魅力的孩子自然能受到他人的喜爱和信任。

领导力是多种能力的综合才能激发出来的。例如，当一个孩子大方善良、拥有很强的应变能力和丰富的知识、有勇有谋且不意气用事、有着一呼百应的号召力、富有责任心并且谦虚好学，并且懂得与人友好合作，那么这个孩子一定具有很强的领导力。

当然，我们不需要把每个孩子都培养成具备领导力的孩子，但只要祖父母朝着具备领导力的方向有意识地培养孩子，就能让孩子在一点一滴的改变中变得更加自信。

给祖父母的育孙建议

平时祖父母不要担心孩子能力不足，要给予孩子充足的"做主"空间，多注意观察孩子，培养孩子的目标感和应对挫折的能力，同时也要有意识地培养孩子的组织能力、沟通能力、与人合作的能力，进而激发出孩子内心的领导潜能。另外，祖父母还要教会孩子学会控制不良情绪，良好的情绪控制力是领导力的基础。

不怯场不冷场，提升语言表达能力

情景再现

奶奶每次让孙女主动和人打招呼，孙女就闭着嘴不说话，这时——

❌

"你那嘴上锁了吗，都不知道张开和人打个招呼，都上小学的人了，话都不会说，笨死了！"奶奶对着孙女很生气地训斥道，孙女一听就更不敢说话了。

✅

"孩子不要怕，和人打招呼是基本的礼貌，给阿姨说个'你好'。"奶奶态度温和地鼓励孙女。孙女鼓起勇气张开嘴说了一声"你好"。

祖父母平时要多鼓励孩子说话，尤其是对那些内向自卑的孩子，更应该提升他们的语言表达能力。

"每个人都有一张嘴巴，嘴巴有两个功能，一是吃饭，二是说话。但是要想吃好饭，先要说好话！"这是一位演讲家曾经说过的话，十分有道理，因为较强的语言表达能力有助于孩子将来在社会上生存。

很多老人会说自己也知道"会说话"对于孩子来说好处很多，但自家的孩子在人群里就是容易怯场，无论家长怎么劝说，孩子就是扭扭捏捏不张开小嘴，家长对此也是十分无奈。

其实孩子不是天生笨拙，一般来说造成孩子怯场的原因除了生理因素之外，还可能是缺乏自信，自认为没有丰富的词汇量和逻辑组织能力，担心自己会表达不清楚。还可能是他们容易紧张，又不知道该如何缓解紧张情绪，也就不敢张嘴说话了。

子恒今年上小学四年级，他是老师和同学眼中阳光开朗的大男孩，无论走到哪里都能凭借一张"巧嘴"结交不少朋友，而且他说起话来头头是道，还能旁征博引，丰富的知识储备常常令老师都惊叹不已。

不仅如此，子恒情商还特别高，遇到事情不慌不忙，还很会和人讲道理，又懂得关心和照顾人。有人问子恒的妈妈，她怎么把孩子养得这么好。

子恒妈妈说，儿子表达能力这么强，其实都是子恒奶奶的功劳。子恒上幼儿园的时候，奶奶发现子恒不怎么爱说话。为了锻炼孙子的语言表达能力，奶奶经常和孙子做一些有关说话的游戏，在游戏中她会鼓励孙子多讲话，周末还带着他去公园朗诵诗歌。她还会买一些绘本、故事书让孩子复述给大人听，慢慢地，子恒的语言表达能力得到了提升。

　　由此可见，说话是可以通过练习锻炼出来的，所以祖父母要想让孩子不怯场，就要用一定的方法来提高孩子的语言表达能力。比如，平时生活中，祖父母要积极回应孩子，不要对孩子说的话不耐烦，要有耐心一些，认真听孩子表达出他想表达的意思，并且引导孩子说下去。多注意培养孩子的自信心，有了自信做支撑，孩子才能勇敢地表达自己。

另外，祖父母要学会接纳孩子在公众场合紧张、退缩、胆怯的情绪和表现，不要强逼孩子在公众场合表达自己，也不要随意当着外人面说他"嘴笨""不爱说话"或者"这孩子就是内向、紧张"等，而应温和地接纳孩子，积极地引导和鼓励孩子在公众场合张口说话。

给祖父母的育孙建议

祖父母平时要多鼓励孩子复述一些故事或动画片，让他"讲"给大人听。同时也要帮助孩子丰富他的词汇量，多给孩子提供一些在公众面前表达的机会，这种机会不一定是在正式的公共场合，可以是在家里。或者让孩子参加一些小型演讲比赛，帮助孩子克服紧张的心理，让他平时多练习说话，并鼓励他多参加集体活动，多与同龄人一起沟通交流。

懂礼仪的孩子，到哪儿都受欢迎

情景再现

奶奶带孙女坐公交车，有人起身给奶奶和孙女让座，这时——

❌

"快坐下！"奶奶一把拉过孙女坐下来，并没有对让座的人表示感谢，孙女看看奶奶，也没有吭声。

✅

"真是太感谢你了！"奶奶先给让座的人表示感谢，又让孙女也说"谢谢"，孙女乖巧地道了谢。

礼仪修养是为人处世的基础，也是让孩子受人欢迎的重要因素之一。

《论语》云："故不学礼，无以立身。"自古至今，中国都是礼仪之邦，懂礼仪、讲文明更是中华民族的传统美德，教会孩子从小懂礼仪，也是家长的必修功课。

一般来说，礼仪包括仪容仪表、言行举止这些个人礼仪，乘车、问路、购物等公共场所的礼仪，还有餐桌礼仪、接待礼仪、交往礼仪、待客礼仪，等等。可以说礼仪体现在生活的方方面面，而一个得体的孩子，也必能处处受欢迎。

祖父母平时要教孩子注意自己的谈吐和着装，衣服不必常换新的，但一定要保持干净整洁，对于那些不文明用语，一定要禁止孩子使用。还有一些不文明的行为，如辱骂他人、随地吐痰、乱给同学起外号、破坏公物等，也要禁止孩子去做。

司晨非常聪明伶俐，学习成绩也一直名列前茅，不管是爷爷奶奶还是爸爸妈妈都很惯着他，他在家也是什么事情都由着他，他经常和大人顶嘴，家人也都不舍得对他太过严厉地批评，这也养成了他没大没小、不懂礼貌的坏习惯。

不仅如此，司晨在外面也非常没有礼貌，很多时候他冲撞了别人，也不懂得说"对不起"，反而责怪对方不懂看路，和长辈、老师见面也不知道打招呼，更不会说"谢谢""你好""再见"等常见的礼貌用语。更让人觉得他不礼貌的是，他时常给别人取难听的外号。

奶奶虽然也觉得孩子没礼貌，但一想到孩子还小，就没太放在心上。后来有一次，奶奶带着司晨去参加宴席，结果司晨把主家精心准备的会场给弄得乱七八糟，而且没有经过主家的允许，就把原本要送给客人的点心、糖果都给吃掉了，惹得主家很是生气。奶奶也觉得没面子，没等开席就带着司晨回来了。

　　一个不懂得礼仪的孩子，不但会让家人丢脸和无地自容，也会让他自己成为最不受欢迎的人。当祖父母在生活中发现孩子有不文明的行为时，一定要及时纠正，决不能护短和包庇、纵容。

除此之外，祖父母还要教会孩子一些基本礼仪，例如，站姿、坐姿要端正，要双手接过别人递来的东西，与人交往要保持微笑，公众场合不要大声喧哗，文明礼让等。

因此，为了提升孩子的个人修养，塑造孩子良好性格，提升他的社交能力，祖父母一定要教导他成为一个懂礼仪、讲文明的孩子。

给祖父母的育孙建议

祖父母要给孩子做好榜样，一定要告诉孩子"礼仪"究竟是什么，平时多给孩子进行礼仪方面的训练。祖父母自己不要说脏话，常把"谢谢""你好"等文明用语挂在嘴边。另外，要及时纠正孩子不文明不礼貌的行为，注重培养孩子的社会公德心，教会孩子在公共场合不要乱扔垃圾、随地吐痰和大小便，要爱护公物、主动给老人和孕妇让座。

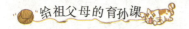

教孩子管理时间，科学制订计划

每天放学后，孙子总是无法按时完成老师布置的作业，所以爷爷——

"还不快点儿写作业，不然又得到晚上十二点才能睡觉！"面对爷爷的催促，孙子表示先吃点儿东西再写，结果一个多小时过去了还是没写。

"从今天开始，放学回来第一件事情就是写作业，给你两个小时的时间，写完之后再做其他的事情。"爷爷决定改改孩子的毛病。

孩子时间概念不强，祖父母可以通过一些科学手段帮助孩子管理时间。

英国哲学家培根曾说："合理安排时间，就等于节约时间。"换个角度来说也就是，不懂得管理时间，那等于在浪费时间，而浪费时间就是浪费生命。

有些老人常会发出这样的感慨："我家孩子也是从早忙到晚，我看着就很心疼，可他的学习效率和办事效率就是低得很，真不知道一天天在瞎忙什么！"其实发生这样的情况，很大程度上是因为孩子没有学会合理地管理时间，更不懂得科学制订计划来帮助自己提高学习和办事的效率。

那么祖父母应该如何通过科学地制订计划，教会孩子管理时间呢？首先我们要让孩子清楚时间是什么，让他感受一下时间的长度，例如一分钟、五分钟、一个小时的差别，告诉孩子时间是有限的，一定要让他学会珍惜。其次，要把孩子需要做的事情列一张清单，然后将时间进行细化，分成时间段，按照轻重缓急的程度将待办事项填充到时间段里，告诉孩子先做那些重要的、紧急的事情，再做那些次要的事情，引导孩子制订日计划、周计划、月计划和年计划。

晨曦上小学四年级，她已经不需要大人吩咐任何事情，自己就可以主动完成。每天临睡前，晨曦会打开自己的计划本，列好明天要做的一系列事情，并且在重点事情上做标记。第二天起床后，她就会按照轻重缓急的程度从上到下地依次完成任务。

有了自己的计划本，而且还有合理的时间分配，晨曦能够很自律又很高效地完成自己的事情。她还让家人给她买了一个计时器，平时写作业的时候，她会先用计时器给自己设定一段时间，以查看在这段时间内作业的完成情况，有助于提高写作业的速度，无形中也培养了对时间的把握能力，更有助于提升写作业的效率。

高效的时间管理和科学的规划，让晨曦能够在学习、生活上游刃有余，她不但学习成绩年年优等，还有很多时间用来做自己喜欢的事情，而她也不觉得时间紧迫、身心疲惫，每天的生活、学习都很充实、快乐。

由此可见，一个善于管理时间并懂得科学制订计划的孩子，一定会养成自律又高效的学习、办事习惯。

祖父母要引导孩子意识到时间的珍贵，并让孩子明白"学会管理时间"，他将是最大的受益者。要让孩子了解浪费时间的后果，例如，起床晚了上学会迟到、作业没按时完成会被老师批评、玩耍时间过长会耽误别的重要的事情，等等。

不仅如此，祖父母还可以在孩子做某件事情之前，和孩子约定好此事结束的时间，帮助孩子分清楚"必须做的事情"是什么，例如学习、写作业；"想要做的事情"是什么以及"不做也没关系的事情"是什么。明白做事的次序，会让孩子事半功倍，办事高效。

给祖父母的育孙建议

祖父母可以通过给时间分段、列清单的方式教孩子管理时间，例如，画一个时间框架，然后把具体时间和具体任务填充进去，最好把任务具体化、细化，另外，还可以利用四象限法制订张弛有度的计划，即根据事情的轻重缓急程度安排时间，先做重要、紧急的事情。

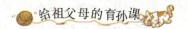

提高心理韧性，帮孩子远离"玻璃心"

情景再现

孙女放学回家见到爷爷就哭了起来，说是今天她在学校表现很好，但老师没表扬她，于是——

"你表现这么好，老师为什么不表扬你？走，咱们找老师问清楚去！"爷爷拉着孙女就要找老师去理论，孙女却扭捏起来。

"这有什么关系？表现好的学生又不只有你一个，没有得到表扬的也不是只有你一个，只要你继续努力，老师一定会看到你的！"爷爷安慰和鼓励孙女道，孙女慢慢止住了哭泣。

孩子成长过程中必须要具备坚忍的心性，远离"玻璃心"才能更好地应对挫折和困难。

　　心理韧性也可称为心理免疫力，就像一个人自身免疫力越高身体越不容易生病一样，心理免疫力越强，这个人应对挫折、逆境和失败时的表现就越好，不但能够良好地应对并恢复原状，还能从中获得成长。

　　而一个心理韧性不足的孩子则很容易像玻璃一样易碎、脆弱，例如，他们听不得重话，往往大人还没开始变脸色，孩子就先抹起了眼泪；不能虚心地接受别人的批评；输不起，一输就耍脾气或者耍赖；遇到困难就退缩或者自暴自弃；过于在乎自己在别人心目中的形象……

　　像这样心理韧性不足的孩子，如果不及时对他们进行引导，很容易影响他们的身心健康，后果很严重。

　　这天，刚上中学的丹丹回到家里，她看起来心情很不好，闷闷不乐的，奶奶就问她怎么了，丹丹很难过地告诉了奶奶实情。

　　她说自己在小学是妥妥的"学霸"，成绩从来没有跌出过全校前三名，老师和同学们也都十分喜欢她，她觉得自己就是大家眼中的"天之骄子"，是家人的骄傲，可是进入中学之后一切都变了。

　　因为她进入的这所中学的学生本就是各个小学选拔出来的优等生，班里大部分的同学都和她一样厉害，可谓高手云集，谁也不比谁差多少。

　　到了新学校、新班级，面对新同学、新老师，丹丹觉得自己一下子成了"小透明"，没有人格外关注她，老师也不看你以前的学习成绩和成就，同学也都很努力。失去了优越感的丹丹很伤心，就连引以为傲的学习成绩，她也在班级"垫底"了。

丹丹内心开始失去平衡，好像从云端一下子跌落在泥土里，学习也没了积极性。为了引起老师和同学的注意，她甚至会故意做一些过激的捣乱行为，这让老师和同学也不太喜欢她了。

丹丹接受不了这一切，她逐渐放弃了自己。因为压力过大难以承受，家人不得不给她办了休学，带她去看心理医生。医生说她缺乏心理韧性，抗挫折能力太弱，才导致了抑郁症的发生。

像丹丹这样的情况就属于"玻璃心"，心理学上也称为"蛋壳心理"，形容人的心理状态像蛋壳一样，轻轻一碰就承受不起

破碎了，而在她"破碎"的过程中，因为缺乏必要的心理疏导和大人及时的介入，加之自身抗挫折能力的不足，情况越来越糟糕。

因此，祖父母要及早锻炼孩子的心理韧性，培养和引导孩子拥有更加强大的内心。同时，要让孩子学会控制和疏导不良情绪，培养孩子的忍耐力和可控力。让孩子成为一个更加坚忍勇敢、不怕困难和挫折，乐观开朗的阳光自信的孩子。

给祖父母的育孙建议

祖父母要帮助孩子降低对结果的期待，要让孩子学会接纳失败和不如意，培养孩子乐观自信的积极态度。多注意训练孩子处理问题的能力，教孩子积极看待成败，不要过多在意一时的输赢。一定要培养孩子的情绪调控力，提高孩子的耐挫力，降低孩子对挫折的敏感度。

培养有主见的孩子

奶奶问孙子喜欢运动鞋还是休闲鞋，孙子总是拿不定主意，于是——

"给你买鞋真是费劲，这么大的人连自己喜欢什么都不知道，一点儿主见都没有，我给你选吧！"奶奶很不满地看着孙子说道。

"你可以先试一下两款鞋子，看哪款穿着舒服，样子你又喜欢的，咱们就选哪一款。"奶奶把选择权交给了孙子。

孩子越有主见办事效率就越高，也就越不容易受别人的影响。

"我不知道怎么选，你帮我选吧！""你觉得这个好还是那个好？""你说行就行吧，我听你的！""这个也可以，那个也可以！"生活中是不是常听到孩子说这样的话？就像"墙头草"，风往哪边吹他就往哪边倒，很容易被牵引着走，根本没有自己的主见。

为什么很多孩子喜欢做"墙头草"，缺乏主见呢？一是父母或家人对孩子的操控意识太强，认为孩子没有足够的经验和阅历做出准确的判断，于是直接帮孩子拿了主意；二是大人对孩子的行为总喜欢指指点点，不是说孩子这做得不好那做得不对，就是嫌弃他"笨""慢""差"等；三是大人习惯性去否定、批评或指责孩子，导致孩子对自己缺乏自信，认为自己什么都做不好、做不对，不敢轻易地表达自己真实的想法或者独立决断。

而一个缺乏主见的孩子，很容易受到外界因素的影响，不懂得坚持原则，对自己的判断缺乏自信心，更会因为没主见失去很多重要的发展机会，让自己失去做人、做事的主动权。

蕊蕊是一个很没有主见的女孩子，从小家人就很娇惯她，习惯什么事都替她做好安排，而她也渐渐地不喜欢自己拿主意了。

有一次，奶奶带她去逛商场，问她喜欢粉红色的裙子还是黄色的裙子。她很喜欢黄色的，但是又担心自己选的穿上不好看，就让奶奶帮她选，奶奶帮她选了粉红色的裙子。

回到小区之后，她发现同班的女同学身上穿着的正是那件她心仪的黄色裙子，而且大家都围着她赞赏，说裙子很好看。蕊蕊很后悔，觉得自己要是穿上这条黄裙子一定比女同学穿还要好看。

平时生活里，蕊蕊也是做什么事情都习惯问家人，家人说什么就是什么，她自己根本不敢尝试独立判断，就连吃饭要用哪个碗，都要问一问家人。

奶奶有时会很无奈地对她说："你不能什么事情都问大人，你该自己拿主意。"但蕊蕊这时候总是低着头，因为她根本不知道该怎么选择，万一选错了呢？

很多孩子做事缺乏主见，就和事例中的蕊蕊一样，习惯去询问别人的意见，因为他们怕"犯错"，不会独立思考和判断，所以才会在面临选择和决断的时候犹豫、迷茫、左右摇摆，依赖于别人的意见。

因此，当孩子征求意见时，祖父母不要急着立即给出答案，而要趁此机会多引导孩子勇敢说出自己的想法，对孩子的选择和判断无论对错都要表示尊重和理解。更不要对孩子过多干涉和指手画脚，鼓励孩子独立思考，做出合适的选择。另外，当孩子做出有主见的行为，祖父母要表示肯定和赞赏，给他增加独立决断的信心。

给祖父母的育孙建议

祖父母可以给孩子多讲一些成功人士有主见的事例，让孩子感受到有主见的"力量"。平时更要让孩子养成独立思考的习惯，多给孩子创造一些"自己做主"的机会，例如，穿什么衣服和鞋子，怎样布置自己的房间等，不要怕孩子会选错，要给他选择的自由。另外，也要教孩子学会"拒绝"，勇敢表达自己内心真实的想法。

养出感恩的孩子，是一个家庭最大的福气

情景再现

这天孙子对爷爷说道："我才是咱家的宝贝，你们都应该爱我！"爷爷听到后——

 ❌

"没错，你是大宝贝，我们都爱你。"爷爷笑着回答，而孙子得意地扬起头，认为家人为他做的一切都是应该的。

 ✅

"我们爱你，你也要爱我们呀，爱是相互的，付出和给予也是相互的，明白吗？"爷爷希望孙子能明白家人之间需要互相关爱。

孩子懂得家人之间需要互相关爱，才能学会感恩，家长应当努力养出一个懂得感恩的孩子。

现在的孩子在家里就是"小皇帝""小公主"，一家人都把他们捧在手心里，尤其是老人，舍不得孩子受一点儿委屈，什

么事情都替孩子做，而孩子心安理得地享受着一切。久而久之，他们就会养成只知索取、不懂付出和回报的坏习惯。

孩子需要感恩教育，这是成长过程中必须要学会的一课。一个不懂得感恩的孩子，无论他多么聪明，都算不得优秀，也终将被社会和大众抛弃。而一个懂得感恩的孩子，哪怕他很平凡，也会受到大家的欢迎和喜爱。

有这样一个真实的案例。在一个并不算发达的小山村里，有两个年龄相仿的男孩，他们在同一个学校上学，两家离得也比较近，是一墙之隔的邻居，不过其中一个男孩的学习成绩比另一个男孩要好。那个学习更好的男孩，家里虽然不富裕，但家人什么活儿都不让他干，还总是对他说："你只要好好学习就行，其他的不是你该管的。"所以即便到了农忙时节，看着家里人满头大汗地劳作，男孩也不会帮忙，家里有好吃的好喝的也都是先给他。而另一个男孩的家庭教育方式完全不一样，在他学习的时候，家人也不会打扰他，但是其他时间会让他帮忙做事，让他体会一家人的辛苦，奶奶周末还会带着他走十几里山路去卖菜，让他体会家人供他读书的不容易。后来两个男孩都很争气，也都考上了大学走出了大山。

几年过去了，学习更好的那个男孩凭借自己的聪明在外面开了公司赚了大钱，但是他却再也不愿回到那个贫穷的小山村，哪怕那里有他所有的亲人，他只觉得那个将他养大的地方是他的"耻辱"，甚至断了和所有亲人的联络。

另一个男孩在外面也学了一身本事，挣了一些钱，他返回了自己的家乡，不但陪在年迈的爷爷奶奶身边，还用自己学到的本事造福乡民。他说小时候村子里的人对他都很好，他要懂得感恩。

事例中的两个男孩反差如此之大，就是因为他们一个懂得感恩，而另一个不懂得感恩，这也和他们各自的家庭教育有关。也许有些老人会说，自己并不是为了让孩子回报他们什么，只要孩子自己生活得好就行，但一个"忘恩负义"之人无法受到大家的欢迎和喜爱，他怎么可能生活得好呢？

成功学家安东尼说过这样一句话："成功的第一步就是先存有一颗感恩之心。时时对自己的现状心存感激，同时也要对别人为你做的一切怀有敬意和感激之情。"祖父母培养孩子学会感恩，最终的目的是培养孩子拥有爱与被爱的能力和一份对自己、对他人、对家庭、对社会的责任感，是为了让他日后少走弯路，能够充满感激地珍惜生活、热爱生活。

给祖父母的育孙建议

教会孩子懂得感恩，首先就不要让孩子觉得自己在家里是"特殊"的存在，要让他明白所有人都是平等的。让孩子体会被爱的感觉，也要让他学会如何去爱别人。祖父母可以用反衬的办法让孩子学会珍惜，例如，通过书籍、影像、新闻的内容让他看到更多的现实情况，培养他的仁爱之心和社会责任感。

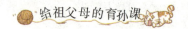

允许孩子犯错，但不允许他推卸责任

情景再现

孙子写作业的时候，十道数学题写错了八道，爷爷看到之后——

"这么简单的题都不会，你妹妹才上幼儿园都比你强，你上课到底有没有认真听老师讲，是不是又开小差了？"爷爷用质问的语气训斥孙子道。

"算错了没关系，你再重新仔细算一遍，不会的可以问爷爷。我看这些题目课本里都有，上课认真听讲，你就能算出来了！"爷爷并没有急着责备孙子，而是让他再算一遍。

孩子难免犯错，可以允许他们犯错，但不能允许他们为犯错找借口、推卸责任。

法国有句民谚："永不做错事的人，往往也无法做成任何事情。"这世上哪有从不会犯错的人，孩子会犯错更是最正常不过的事情。

那为什么很多孩子一犯了错就习惯去推卸责任呢？原因大体有这样几个：孩子因害怕被惩罚而逃避责任；孩子对于犯错后要承担的后果过于恐惧；孩子自尊心作怪，因怕"丢面子"而推卸责任；受到周围环境的误导，习惯把责任推到别人或者外界环境因素上，等等。

有些家长对于孩子管教太过严格，在教育孩子时不允许他们犯错，有时犯了一点儿小错就对孩子大呼小叫、严厉斥责，这让孩子为了"趋利避害"，犯错后就学会了推卸责任。而一个犯了错就习惯推卸责任的孩子，会变得越来越没责任心、没担当，抗挫折能力也会减弱。缺乏责任感还会导致孩子出现自卑心理，影响孩子的社交能力。

振东妈妈最近很头疼，因为她发现儿子振东越来越喜欢为自己的错误推卸责任，明明是他调皮把家里的电视打坏了，他却说是家里的猫做的；自己起床晚了，却怪家人没把他给叫起来；书包忘拿了，又怪没人提醒他；上课闲聊被老师点名，又说是同桌先找他聊天的。

有一次，家里的门锁怎么也打不开，钥匙孔似乎被什么东西给塞住了，家人找来了开锁师傅才把门给打开，而开锁师傅发现有人往钥匙孔里塞了木头屑。振东妈妈就问儿子是不是他干的，但振东一口否认，还称自己看到奶奶是最后开门和关门的人，说不定是奶奶做的。

而奶奶非常了解孙子的脾性，平时也很宠爱振东，就笑着说确实是她不小心弄进去的，可妈妈通过邻居家门口的摄像头发现就是儿子捣的鬼。在有力的证据下，振东不得不承认他是出于好玩儿的心理才想试一试用木头能不能打开门锁，才导致门锁被堵的。

振东妈妈当即就气得要打他，但是奶奶护在了孙子跟前，说道："孩子只是贪玩儿，又不是故意的，就当是我做的好了！"振东妈妈是又气又无奈。

当孩子犯错的时候，身为老人不要急着去袒护孩子，就像事例中的振东奶奶一样，她的"护短"会让孩子意识不到错误的严重性，更让孩子学不会为自己的错误负责。

当一个孩子习惯为自己的错误推卸责任时，他无法从错误中看到自身的不足，也就不会继续成长。只有学会在错误中吸取教训，学会勇于面对和承担自己犯下的错误，孩子才能成为一个真正顶天立地、光明磊落的人。

因此，祖父母平时在教育孩子时，要对犯错的孩子多一些包容心和忍耐力，要理解他们尚缺乏足够的能力来应对问题，一定要认真观察孩子，了解孩子推卸责任背后的原因，然后引导孩子直面错误、解决问题和承担相应的责任。

给祖父母的育孙建议

祖父母要以身作则，做个有责任心、有担当的人。当孩子犯错时，我们不要冲动，更不要严厉训斥孩子，先学会接受孩子的错误，控制自己的情绪，了解孩子犯错的经过和缘由，再引导孩子意识到他的错误，让他对自己的行为负责。

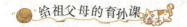

让干净整洁成为孩子受益一生的习惯

情景再现

孙女玩儿到很晚准备休息了，但是还没有刷牙洗脸，这时候——

"今天太晚了，早点儿上床睡觉吧！又不脏，洗什么，用不着那么干净！"奶奶觉得孩子脏一点也没什么。

"睡觉前一定要刷牙洗脸，这样才能好好保护你的牙齿和皮肤，好孩子就要干净整洁才对。"奶奶让孙女坚持睡前洗漱的好习惯。

保持干净整洁是一种良好的习惯，祖父母要帮助孩子养成这种好习惯。

《弟子规》中曾言："房室清，墙壁净。几案洁，笔砚正。"

旨在教导为人子弟要保持干净整洁。而到了现代，干净整洁更是成了我们对孩子的一种基本要求。

祖父母让孩子保持干净整洁的好习惯，可以帮助孩子减少细菌、病毒的感染概率，这也是保证孩子身体健康的必需条件。除此之外，干净整洁的习惯还可以增强孩子的幸福感，从心理学上来讲，干净整洁的衣着和环境会反作用于孩子的内心，进而培养他的专注力、规划能力、空间秩序感、逻辑思维能力以及审美能力等。

假期的时候，奶奶带着孙女悦悦去亲戚家做客，还未进门就被眼前的景象惊呆了：在他们家门口堆放了十几双大人小孩的鞋子，还散发着一股脚臭味。进了门也是鞋子、杂物随意摆放着，吃的喝的也都摆得到处都是，零食袋子开着口，里面的零食也撒得哪里都有。

亲戚家的小女孩和悦悦年纪相仿，热情地邀请悦悦在沙发上

坐下来看电视，但悦悦看了一眼沙发，连坐下的空儿都没有，好多衣服都散乱地放在上面，也不知是已经洗干净的还是没洗的。那个小女孩指着衣服对悦悦说："你就坐在这上面，没事的！"

随后，女孩还邀请悦悦进她的房间，悦悦也不好意思推托，跟了进去，结果一打开女孩的房门，里面就传出一阵怪味。悦悦发现女孩房间的窗户关着，问了女孩才知道，她的窗户很少打开。

不仅如此，女孩的房间里学习用品、衣服、玩偶、零食等全都混杂在一起，被子也窝成了一座小山。

试想一下，有谁会和一个如此脏乱、不爱干净的孩子做朋友呢？由此可见，祖父母要培养孩子干净整洁的好习惯，就要先从自身做起，保持家庭环境的干净、整洁、有序，孩子也会变得干净整洁起来。

除了言传身教，祖父母还可以让孩子亲身体验一下干净整洁和脏乱、不讲卫生这两种环境带来的感受，有了对比，才能让他直观感受到两者的不同。

给祖父母的育孙建议

祖父母要严格执行为孩子制定的卫生"规则"，例如，饭前洗手、睡前刷牙等，教会孩子做物品归类和叠衣服、刷鞋子、洗袜子这些家务，放手让孩子自己去做一些清洁工作，让孩子自己收拾自己的房间，整理书包及学习用品等。

第 **6** 章

正面管教不放任

——破解教育难题，养出杰出孩子

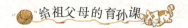

孩子懒惰磨蹭，怎么帮他改？

情景再现

　　奶奶已经吃完早饭收拾好，要送孙女去上学，却发现孙女还在慢悠悠地喝着牛奶——

❌

　　"你吃个早饭能从天明吃到天黑，就不能喝快点儿？鞋还没换呢，天天让人操不完的心！"奶奶着急又生气地催促道。

✅

　　"五分钟之内喝完牛奶穿上鞋，否则迟到和受批评别怪别人。你的事情你自己不急，奶奶就更不急了。"奶奶干脆坐下来慢慢等，孙女一听反而着急起来。

　　帮助孩子改掉懒惰磨蹭的坏习惯，才能让他们学会珍惜时间、提高做事效率。

　　哈佛大学做过的一项研究表明：懒惰、磨蹭是孩子未来没有出息的根源之一。事实上，孩子懒惰磨蹭也是最让家长头疼的问题，例如，早上喊了很多遍，孩子就是磨蹭着不起床、吃饭的时候也是慢悠悠的、一个小时可以写完的作业写了四五个小时还没完成、衣服袜子懒得洗、房间卫生懒得打扫……

而每当这个时候，家长就不得不一遍又一遍地催促孩子"快点儿"，催急了不是吼就是打骂，结果却是孩子越催越懒、越慢，家长是越催火气越大，最后孩子也没有变得勤快，家长还生了一肚子的气。

为什么孩子这么懒惰和爱磨蹭呢？其实孩子每一种不良行为和习惯的背后都是有原因的，家人的娇惯和溺爱让很多孩子学不会自己的事情自己做，还有很多孩子缺乏时间观念，不懂得珍惜和管理时间，还有些孩子的坏习惯是家长对他们的不信任造成的，认为他们这也不会做、那也做不好，当他们有勤快的表现时，又得不到肯定和认同，孩子自然就变得懒惰和磨蹭起来。

懒惰和磨蹭的坏习惯必将给孩子的生活学习带来严重的不良影响，缺乏行动的积极性，办事低效率，也会让孩子未来在社会上跌很多跟头。

罗振今年上小学三年级，因为他是爷爷奶奶带大的，平时生活上的事情都是爷爷奶奶帮他做，这也养成了他懒惰爱磨蹭的毛病。罗振的爸爸觉得儿子太懒了，但又因为工作太忙没时间教导儿子，就和自己的父亲认真沟通了一番，让父亲用教导他的方法来教导孙子。

　　爷爷也意识到孙子是越来越懒和爱拖延了，觉得不能让这些坏习惯毁了孙子，于是开始有意识地改变孩子懒惰和爱磨蹭的不良习惯。他很正式地和孙子说以后爷爷奶奶不会再帮他洗衣服、洗袜子，他自己的事情要学着自己做，包括以后他的房间的清洁和学习工具的整理，也要让他自己负责，如果他做得好，每周爷爷都会给他一定的奖励。

　　不仅如此，爷爷还用实际行动教导孙子如果做事勤快、高

效，就能节省出很多的时间用来做其他事情。

"你不是说自己都没时间玩儿乐高了吗？只要你写作业不拖延，每天就能空出半小时玩儿乐高，你可以从今天就试一试。"爷爷对罗振说道。

罗振在爷爷的引导下逐渐改掉了懒惰、磨蹭的坏习惯，不但学习效率高了，生活也变得快乐充实起来。

没有孩子天生就是懒惰和爱磨蹭的，很多时候不是孩子太懒和太爱磨蹭，很可能是他们没有找到行动的理由和动力，也没有找到使行动高效的方法，所以祖父母想要孩子改掉懒惰和磨蹭的习惯，就要有意识地去调动孩子做事的积极性，找到懒惰和磨蹭背后的原因，然后有针对性地引导他们变得勤奋、进取起来。

给祖父母的育孙建议

祖父母可以通过时间管理培养、设立奖惩机制、制订计划、克服依赖性、集中注意力等方法来帮助孩子解决懒惰磨蹭的坏习惯，还可以在平时生活中鼓励孩子多参加劳动。祖父母要学会用清晰指令代替"快点儿"，有意识地让孩子在限定时间内着重做某一件事情，同时要让孩子自己承担懒惰磨蹭的后果。

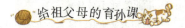

孩子不爱学习，老人该怎么做？

情景再现

孙子一放学就对爷爷说："爷爷，我不想学习了！"这时候——

❌

"不学习就没出息，你给我好好上学，再说不学习，看我不揍你！"爷爷对着孙子就是一顿骂。

✅

"为什么不想学习了？给爷爷说说理由，咱们两个好好讨论一下！"爷爷耐心地询问孙子不想学习的原因。

孩子不爱读书，祖父母要耐心引导，找出孩子不爱学习的真实原因，才能"对症下药"。

未来的文盲不再是不认识字的人，而是不会学习的人。因此，在未来能掌控自己人生的人必须具备很强的学习能力，而每个人生来都具有学习能力，只是逐渐在后天教育中发生了差别。

"我家孩子就是不爱学习，我能怎么办？"这是家庭教育中最常见的一个问题。虽然学习可以体现在生活的方方面面，但身为家长，我们最在意的还是孩子文化课的学习。学习成绩关乎着孩子的未来和生活，是必须要重视的。

孩子不爱学习的原因通常是"学不会""听不懂"和"记不住"，因此，祖父母可以针对这些原因找出相应的方法来引导孩子重新爱上学习。例如，可以让孩子先学会预习，然后提出疑问，上课认真听讲，下课找老师或家长沟通有疑问的地方。有些孩子偏科比较严重，那就找一些有针对性的学习方法，帮助孩子提高注意力和记忆力等。

小泰今年13岁，刚上初中。这天放学回家后他显得十分沮丧和郁闷，也没有像往常一样写作业，而是把自己关在了房间里，大半天也没有动静。爷爷打开房门，见孙子穿着鞋倒在床上还捂着头。爷爷问他："你怎么还不写作业？"

没想到小泰一听就炸毛了，冲着爷爷喊道："你就知道让我写作业！我不想上学了，明天就退学！"

爷爷被孙子的回答吓到了。小泰的学习成绩虽然不算多优秀，但一直都还不错，也从来没说过不想上学的话，今天这是怎么了？事后，爷爷主动找小泰的班主任了解了情况，原来是近段时间小泰的学习成绩不太理想，尤其是数学和英语，他好像学起来很吃力，毕竟初中的课程要比小学的课程难一些。

爷爷得知孙子不想上学的原因后，就开始鼓励孩子要相信自己，他还专门去网上找一些数学和英语的学习方法。为了给孙子做榜样，他甚至决定自学英语，并且让孙子当他的"老师"。小泰见爷爷年纪这么大还在努力学习，很受震动，在爷爷的引导和鼓励下，他也克服学习的困难，重新爱上了学习。

任何的学习都是有方法的，当孩子出现厌学的情绪时，祖父母不要急着批评孩子，也不要给他们讲一通大道理，而

要帮助孩子提高学习兴趣和调整学习方法，进而有针对性地提高孩子的学习能力。还有要给予孩子一定的自由和空间，不要逼迫他们学习，要有足够的耐心和宽容，激发出孩子内在的驱动力，培养他们的求知欲，试着让孩子再次爱上学习。

除此之外，良好的学习环境和温馨的家庭氛围，也是孩子爱上学习的基础。平时也要注意让孩子劳逸结合，多去大自然中走一走。

给祖父母的育孙建议

"书读百遍，其义自见"，祖父母可以利用"刻意练习"这个方法让孩子爱上读书，比如，记不住就多读几遍，易错的题就专门练习等。教会孩子画思维导图，加深孩子对知识点的理解和记忆，准备错题本、学会做笔记、多阅读，还可以让孩子当老师教家长"学习"。最重要的是，面对不爱学习的孩子，一定不要采取过于强硬的手段逼迫他们，那样只会适得其反。

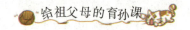

如何消除孩子的攀比心理？

情景再现

孙子一放学就让爷爷去商场给他买最新的平板电脑，说是班里好多同学都有，这时——

"我听说那个东西很贵，不过别人有的我大孙也得有，咱这就去买！"爷爷不想委屈了孙子，也担心孩子哭闹，所以答应给他买。

"别人都有不代表我们也一定要有，得看这东西有没有必要买。你已经有了学习机，这个就不需要了！"爷爷不想孙子为了攀比而消费，他拒绝了孙子的要求。

祖父母要及时纠正孩子的攀比心理，否则会对他的成长产生不良影响。

随着生活条件越来越好，家长都不舍得委屈孩子，尽己所能地把最好的都给孩子。但是面对琳琅满目的商品，孩子之间形成了一种不良的攀比风气，例如，谁家的玩具是最新款的、谁家的车子是最贵的、谁的衣服鞋子是限量版的、谁的电子用品是刚面市的……久而久之，这种攀比的心理会严重影响孩子的身心健康。

孩子会有攀比心理，除了是受家庭经济水平提高的影响，还可能是因为不当的家庭教育造成的，例如，父母和家里老人溺爱孩子，或者家人也爱攀比，给孩子做了不良示范。也可能是孩子想通过攀比来获得关注，或者是孩子缺乏自信、过于看重外表。

而不良的攀比心理不但会影响孩子的学习，还会影响他的价值观以及社交。因此，祖父母一定要重视孩子的攀比心理，将不良影响尽早消除。

珊珊在一所私立中学读书，刚开学几天，她就特别反感奶奶来接她。家人也不知道这孩子是怎么了，以前珊珊每天放学可都是开开心心地和奶奶一起回家的，最近却是面色忧愁，甚至还有些躲着奶奶，让奶奶在离学校远的地方等她。

奶奶问她是怎么回事，一开始珊珊还支支吾吾地不说，后来在父母的逼问下，她终于说出了原因。原来别人的家长都是开豪车、衣着光鲜地来接孩子，只有她奶奶骑着电三轮车，穿着普通。珊珊觉得在同学面前很丢脸，所以希望以后妈妈能开车来接她，而且要打扮得又美又时尚。

　　家人没想到姗姗刚上初中后就有了攀比心理，奶奶知道真实原因后也有些伤心，但也理解孩子的心理，决定以后不去接孙女了。

　　孩子在成长过程中出现一时的攀比心理，其实是可以理解的，这是一种正常现象，因为人本身就会不自觉地产生一种想要和别人"对比"的冲动。但攀比心理会带来良性影响和不良

影响，像事例中的姗姗那样，因为虚荣心的影响，只会和别人去攀比吃穿，会让她在不良的攀比中逐渐迷失自己，深陷在欲望的旋涡中无法自拔。

如果家长能够适时引导孩子从不良的攀比转化成良性的攀比，例如比学习、比进步，那么就会将攀比转化成一种孩子学习、进取的动力，形成一种良性的竞争意识。

所以当祖父母发现自家孩子有攀比迹象时，先不要急着去批评和否定孩子，而应找机会和孩子好好沟通，了解孩子内心的想法，确定孩子的攀比是良性的还是不良的，然后依照科学的方法对他进行引导和教育。

给祖父母的育孙建议

祖父母可以利用孩子的攀比心理激励孩子朝着正确的方向发展，因为"想过得好"本身是一种积极的心态，及时地引导孩子从比吃穿到比学习、比能力、比品格，帮助孩子树立正确的价值观和上进心。同时，祖父母要以身作则，培养孩子正确的消费观念，帮助孩子增强自信心，多带孩子参加一些有益的集体活动，让孩子意识到精神的富足比物质的富足更重要。

孩子经常说谎，怎么纠正？

情景再现

孙子跟爷爷要钱说要买课外书，结果却带朋友出去吃大餐，爷爷知道后——

"小小年纪就知道撒谎骗钱去外面大吃大喝，你已经学坏了，以后还不知道会做什么坏事呢！"爷爷对着孙子就是一顿打骂。

"你为什么不和爷爷说实话呢？撒谎是不对的，而且你和爷爷讲明真实理由，爷爷未必会拒绝你。"爷爷没有先批评孙子，而是告诉他下次要说实话。

没有孩子天生爱撒谎，撒谎一定有缘由，祖父母需要找到原因，和撒谎的孩子好好谈一谈。

　　小孩子撒谎在日常生活中很是常见，比如，当他们偷吃了零食、打碎了东西、在外面闯了祸……总是有各种各样的"借口"来为他们做过的事情"打掩护"。而小孩子之所以撒谎，除了担心被大人发现真相而受批评和惩罚，还可能是为了达到某种目的。或者虚荣心太强，为了引起注意，也可能是受父母的影响或者出于保护他人的目的。

　　爱撒谎会影响孩子正常人格的形成，让事态变得更加严重，也会让孩子成为一个没有担当和责任感的人，影响他的人际关系。

　　13岁的高高有一个不是很圆满的家庭，他的父母常年分居，大多时候高高都是跟着爷爷奶奶生活。爷爷奶奶年纪大了，面对顽皮的孙子，他们也会力不从心，更不懂得在发现问题时及时沟通，最常用的方法就是打骂。

　　平时生活中，爷爷奶奶也不会太在意自己对孩子的影响。比如，爷爷有时候出于不想被打扰或者避免麻烦的目的，就会说一些谎话，奶奶有时也会说谎话骗高高。高高生活在这样的环境中，自然而然也学会了撒谎。

　　有一次，高高偷拿了爷爷的钱，爷爷问的时候，他还不承认。爷爷拿起棍子狠狠打了他一顿，甚至还说要让警察把他抓走，但高高并不在意，甚至在这之后更喜欢说谎了，他的理由是："反正说不说谎都要怪我，说谎说不定还能免去一顿打。"

高高的爷爷在最初发现高高撒谎的时候，并没有对孩子进行正确的疏导，甚至还采用了一些简单粗暴的方式对待孩子。这样的教育方式只会给孩子带来精神上和身体上的双重压力和痛苦，让孩子更不敢说实话了。

因此，当祖父母发现孩子有撒谎行为的时候，不要因为失望、生气就对孩子打骂、指责甚至给孩子贴上一些负面的标签，这无形中会激起孩子的逆反心理，也许孩子因一时害怕屈从了家长，但之后可能会变本加厉地撒谎。

人都会朝着事情对自己有利的方向发展，而说谎正是孩子为了制造出对自己有利的情境而选择的一种方式，而通常孩子说谎都是出于非心理问题，例如，为了逃避责任，或孩子有较强的虚荣心、羞耻心，为了获得家长、老师或同学的关注而撒谎。遇到这类情况，家长一定要弄清楚孩子是因为什么说谎，对孩子多一些关注和理解，不要一味地打骂和责怪说谎的孩子，而是要找出具体的解决办法，让孩子变得诚实起来。

另外，孩子说谎也可能是因为到了叛逆期，面对此类情况的孩子，家长要用平等沟通的方式帮助孩子度过叛逆的阶段。

给祖父母的育孙建议

面对孩子撒谎的坏习惯，祖父母一定要帮助孩子明确对错，教导他做人做事要诚实。可以和孩子一起反思他为什么会有撒谎的行为，多关注、引导和培养孩子，而不是用打骂、吼叫等暴力的方式解决问题。另外，要允许孩子撒谎，撒谎并不是一件不可饶恕的事情。培养孩子正确的人生观、价值观和世界观，对说谎的孩子要轻惩罚而重解释，不要为了让孩子不撒谎就和他"讲条件"，否则很可能会把孩子引向另一个误区。

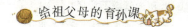
孩子不守信用，祖父母如何教育？

情景再现

孙女本来答应十分钟后和奶奶一起出去，但她又看了一个小时电视才说可以出去了，这时候——

"没事，你说什么时候出去就什么时候出去，奶奶依着你。"奶奶并不觉得孙女的行为有什么不妥。

"你说十分钟后出去，可现在咱们约定的时间早就过了，我现在有自己的事情要去做，不想出去了！"奶奶决定让孙女承担一下失信的后果。

缺少守信意识，也就失去了获得他人信任和认同的机会。

"民无信不立。"守信重诺是为人处世的根本，更是自幼就应该具备的良好品德。一个守信重诺的孩子，不仅会认真对待自己的生活和学习，将来在社会上也会得到别人的敬重和信任。

但现实中却有很多孩子不守信用、不重承诺，例如，明明答应要按时完成作业，但从来都是拖了又拖不去写作业；或者和同学约好周末去公园，转头就找个理由推掉了；又或者前脚答应家长一定戒掉总看手机的坏习惯，后脚就拿着手机看了起来……

为什么孩子总会"出尔反尔"呢？原因可能有这样几个：家长没有做好守信重诺的榜样，孩子有样学样，认为不守信用也没什么，反正大人也都是这样；孩子对于他人的要求没有准确的预判和控制能力，盲目地答应对方，结果发现自己能力有限，根本做不到；孩子为了逃避家长的批评责罚，或者是为了满足自己的其他需求，出现了不守信用的行为。

这天，爷爷骑着车带孙子回家，为了躲避一条突然窜出来的小狗，不小心撞到了一辆停在路边的黑色汽车，把车的后视镜给撞掉了，好在爷爷和孙子都没受伤，可是看着撞掉的后视镜，孙子有些不安地问爷爷："爷爷，这该怎么办？"

黑色汽车的车主并不在场，爷爷抬头看了看四周，没有监控器也没有行人，于是对孙子说："爷爷没带钱，回头从家里拿了钱再赔给人家。"

孙子点了点头，又担心车主会着急生气，就特意写了一张小纸条放在了车上，给车主简单说明了一下原因，还说会回家拿钱赔给他。

　　但是爷爷回到家就把这件事情给忘了，孙子提醒他道："爷爷，你不是要拿了钱赔给人家吗？"

　　没想到爷爷说道："赔什么赔，反正也没人看见，再说我看那车很贵，不知道要赔多少钱呢！"孙子听到爷爷的回答，很震惊也很疑惑，心里也很矛盾和迷茫。他想到了自己写下的纸条，又想起老师说过要做一个信守承诺的人，所以他抱起自己的存钱罐离开了家。

　　男孩抱着存钱罐在黑色汽车前等着，终于等到了车主。车主原本看到后视镜被撞坏很生气，但是又看到男孩写的纸条和他抱着的存钱罐，怒气立即就消散了。他从男孩的存钱罐里拿了十块钱，然后笑着对男孩说："你是一个守信用的孩子，将来一定有大出息。"

学会了守信重诺，也就学会了承担和负责任，拥有了获得他人信任的基础，因为人们更愿意和一个守信用的人交往。所以，祖父母一定要教会孩子信守诺言，答应别人的事情一定要做到，如果做不到，从一开始就不要轻易许诺。

给祖父母的育孙建议

祖父母要教孩子守信用、重承诺，首先就要让孩子做一个诚实的人，自己更要给孩子做守信用的好榜样。当孩子出现不守信用的行为时，一定要坚持让他完成自己的承诺，自己可以从旁协助。更要鼓励和表扬孩子守信用的行为，让孩子了解不守信用的后果，记住自己许下的承诺。如果实在兑现不了承诺，家长可以根据实际情况适当调整一些孩子承诺的具体内容，但一定要让孩子坚持到最后，懂得说到就要做到。

孩子自私，爷爷奶奶怎样引导？

情景再现

爷爷让哥哥把玩具分给弟弟一起玩儿，但是哥哥说："都是我的，不给他玩儿。"这时候——

"你不给弟弟玩儿，我就再给他买新的，到时候也不给你玩儿，这孩子太自私了！"爷爷气得出门买新玩具去了。

"两个人一起玩儿才更有意思，而且弟弟的玩具你也可以玩儿，这样你们能玩儿的玩具就更多了。"爷爷引导孩子道。

引导自私的孩子学会分享和考虑别人的感受，才能让孩子远离以自我为中心的不良影响。

很多家长都会忍不住发出疑问："为什么现在的小孩都这么自私呢？"他们不愿意将自己的东西分享给别人，却又贪婪地想要把别人的东西占为己有；还有很多孩子不尊重长辈，对长辈颐指气使，甚至拳打脚踢；只关心自己的需求，一旦需求没有得到满足，就会控制不住情绪地撒泼哭闹；更有些孩子用极端的方式如自杀、离家出走、跳楼等方式逼迫家长来达成某种目的；时常以自我为中心，让所有人都要围着他转，自己还不愿意承担责任，等等。

　　凯凯今年上小学五年级了，学习成绩一直都很不错，生活自理能力也可以，只是家人都觉得这个孩子有些太自私了。他在家的时候从来不会帮忙做家务，有时候大人让他帮忙，他就说自己在忙着学习，其实是躲在房间里玩儿手机。每次一家人坐在一起吃饭，他都会把自己喜欢的菜全吃完，别人要是吃了一点儿他爱吃的菜，他就会表现得非常生气。

　　有一次，奶奶生病了，其他人都没在家，奶奶就让凯凯

给她倒一杯水，但是凯凯就坐在沙发前看电视，并不去帮忙，还对奶奶说："你不是能自己站起来吗？你自己去倒，我忙着呢！"奶奶觉得很寒心，孙子从小到大都是她用心照顾的，没想到现在让孙子帮忙倒杯水，他都不愿意。

最后，还是奶奶自己拖着病躯倒了一杯水，一边流眼泪，一边喝了下去。不仅如此，家人要是因为自己的事情不小心忽略了凯凯，他就会闹脾气，说家里人不爱他了，为此还两次离家出走。

像凯凯这样自私的孩子是很难理解别人的感受的，他们习惯了以自我为中心，习惯了从自己的角度和利益去看待周围的一切，只会在乎"我怎么样"，一旦"我"受到了损害，那么他就会用自己的方式来表达不满和愤怒。

因此，面对自私的孩子，祖父母一定要想办法引导他们，让孩子有机会体会他人的想法和情绪，学会体谅和关心他人。

给祖父母的育孙建议

祖父母可以鼓励孩子与人分享，引导他们不要太自私。改变一下自己对孩子的教育方式，例如，不要溺爱和纵容孩子，也不要对孩子百依百顺，平时不要刻意给孩子最好的，要淡化他对物品的归属意识。要给孩子立一些"规矩"，比如必须尊重长辈等。

孩子怕生，如何帮他融入社交圈？

情景再现

爷爷带着孙女参加亲戚聚会，女孩因为怕生一直躲在角落里，爷爷看到后——

"都上小学三年级了，胆子还这么小，快去和别人玩儿。"爷爷不管孙女的顾虑和害怕，一直催着她去主动和别人玩儿，女孩却闪躲着不愿意行动。

"这里都是咱们的亲人，你不要害怕。那边几个小朋友和你一样都是小学生，你们应该能说到一起去，你可以去问问他们是哪个学校的。"爷爷试着鼓励孙女去结交新朋友。

怕生的孩子很难主动去结交新朋友，祖父母可以引导孩子通过寻找共同话题的方式和别人进行交流。

生活中很多孩子都被贴上了"社恐"的标签。所谓"社恐"就是社交恐惧症，主要表现是在人际交往中比较怕生，一旦面对新朋友或者新环境，就难以适应，只想待在自己的交际舒适圈，也不喜欢主动与人沟通交流，缺乏自信和勇气，畏惧在公共场合讲话等。

孩子之所以怕生，不敢与人主动交往，可能是孩子害怕陌生的环境、性格内向害羞、缺乏与人交往的信心和能力、父母的过度保护等原因造成的。

祖父母一定要仔细观察和认真了解孩子怕生背后的真实原因，然后有针对性地用科学的方法帮助孩子提升他的社交能力，切忌给怕生的孩子直接贴上一些不良标签或者用吼叫、批评的方式逼迫孩子去与人交往。

茜茜今年八岁，是一个性格内向又害羞的女孩，尤其是到了陌生环境，胆子会变得特别小。家人担心她以后会越来越孤僻，为了让她多交朋友，就给她报了一个口才班。

这天，奶奶带着茜茜第一次来到口才班，老师让新来的同学做一个简单的自我介绍。当别的孩子都鼓起勇气张开嘴巴介绍自己时，茜茜却很紧张地躲在奶奶身后，无论奶奶怎样鼓励和安慰，她都只是沉默地摇摇头。就在奶奶脸色一变想要严厉批评茜茜时，一位老师及时上前蹲下身子温柔地对茜茜说："没关系，可以等一下再介绍。"

说完，老师又把茜茜的奶奶请到一边，告诉她像茜茜这样怕生的孩子有很多，对待她们要更温柔体贴，不要强迫，而是要多鼓励、多给孩子一些缓冲空间。

　　接着老师又诱导茜茜和她讲话，称赞茜茜表现得很棒，而茜茜也不再那么抵触，慢慢地在老师的带动下和别的孩子一起唱歌、讲故事。一旁的奶奶目瞪口呆，没有想到原来茜茜也有这样勇敢、开朗的一面。

　　只有多了解和观察孩子，找到孩子怕生和社交能力差的原因，在不逼迫孩子的前提下，对孩子多表扬、多鼓励，对孩子一点点微小的进步都给予肯定，那么，孩子的自信心就会增长，也就能融入人际交往中去了。

另外，很多孩子怕生最大原因可能是他们缺少一定的社交锻炼，习惯性把自己封存在"小世界"里，一旦到了一个新环境或者面对一些新的人、新的集体成员，他就会紧张、脸红、不适应。平时祖父母可以从孩子的兴趣爱好入手，让孩子多参加一些课外集体活动。

给祖父母的育孙建议

祖父母首先要舍得对孩子"放手"，才能锻炼孩子"走出去"的能力。更要相信孩子的能力，尤其是在他和别的同龄人交往、玩耍的时候，能不插手就不要插手，让孩子学会自己处理问题。同时，要想锻炼怕生的孩子，就要帮助孩子提高语言表达能力和与人合作的能力，教会孩子一些基本的社交规则和礼仪。尽量给孩子营造一个相对丰富的社交环境，让孩子明白朋友是可以选择的。鼓励孩子多主动与人交流，即使说错话也没关系。

孩子花钱大手大脚，如何管？

情景再现

孙子一放学就向爷爷要三百块钱，说是要给同学买生日礼物，这时候——

"行，我这就给你！"爷爷二话不说就给了孙子三百块钱，还问他够不够，不够就再给他一些。孙子趁机又要了两百。

"礼物的价格不能代表友谊的深厚，再说咱们家经济条件有限。这样，爷爷把自己攒的一百块先借给你，回头记得还我就行。"爷爷没有直接拒绝孙子，而是换种方式"限制"孙子的消费。

帮助孩子树立正确的金钱观和消费观可以极大地改善他们花钱大手大脚的坏习惯。

家长们一直都有一个根深蒂固的观念，那就是"再穷不能穷教育，再苦不能苦孩子"。自己可以舍不得吃、舍不得花，但只要是孩子的事情、是为了孩子好，花多少钱他们都愿意。尤其随着科技水平和生活水平的提高，家长对于孩子的各种花销更是尽其所能地满足，这也逐渐养成了孩子花钱大手大脚的毛病。

除此之外，孩子花钱大手大脚的原因还有孩子本身对金钱的概念很模糊、自控力较差、虚荣心作祟或者受到周围环境和不良社会风气的影响。而一个孩子花钱太过大手大脚，非常不利于培养他良好的性格和行为习惯，难以让他学会自立自强，更容易让孩子变得攀比心严重，成为"啃老族"。

志文是别人眼中的"富二代"，他的爷爷和爸爸都是做生意的，因为家里就他一个男孩子，所以平时对他很是娇惯。小小年纪的他全身上下都是名牌，平时的零花钱也比同龄的孩子要多得多。

等到志文上了初中，父母发现他要零花钱的次数越来越多，而且数额也越来越大，有一次甚至直接张口向爷爷要五万块钱。

爷爷问他："你只是个初二学生，要这么多钱干什么？"志文很随意地说道："我和同学说好了，这个寒假坐飞机去旅游，他们几个的机票钱我都包了。爷爷，我话都说出去了，你不能让我在朋友面前丢了面子。再说了，家里的钱以后不都是我的吗？我现在花点儿自己的钱也没什么吧。"

爷爷被孙子的"花钱逻辑"气笑了，忍不住教训孙子道："虽说家里的钱以后是要留给你的，但你也不能不知道节制，五万块钱可不是小数目，这次我不能答应你！"

志文一听就和爷爷吵了起来，竟然回道："不就是五万块钱吗？你们不是说了挣钱就是给我花的，现在为什么不给我了？"

爷爷没想到孙子会这样同他讲话，当时气得就血压升高了。但志文却没觉得自己做错了，他知道爷爷的支付密码，直接用爷爷的手机给自己转了五万块钱。

古人言："成家子，粪如宝；败家子，钱如草。"意思是，成就家业的子弟会把肥田的粪土当成宝贝一样珍惜，而败家的子弟会把钱财当成草一样抛掷。而一个花钱大手大脚的孩子无疑是人们眼中的"败家子"。没人想看到自家的孩子成为"败家子",所以家长必须教给孩子正确的消费观,告诉孩子人的确有贫富之分,但没有贵贱之差,要学会正确地面对金钱,不要做金钱的"奴隶",而是做金钱真正的"主人"。

给祖父母的育孙建议

　　祖父母不要在金钱上娇惯和纵容孩子,更不要给孩子营造一个奢侈浪费的家庭环境,而是要学会培养孩子有目的、有计划、有节制、有预算地花钱,让孩子真切地去感受一下挣钱的不容易。培养孩子的理财意识,可以鼓励他记录自己的支出,让他通过劳动获得零花钱,教他学会合理使用自己的零花钱,教会他分清什么是"需要",什么是"想要"。

孩子间发生起争执，怎样处理？

情景再现

铮铮在学校和同学起了争执，受了一点儿伤，双方家长被叫到了学校，这时赶来的爷爷——

"你们家长是怎么教育孩子的？怎么能动手打人呢？"铮铮爷爷先怒气冲冲地把对方家长指责了一通。

"老师，事情具体经过是怎样的，你知道吗？"爷爷先通过老师探知孩子争执的真相，又和对方家长进行了友好的沟通。

祖父母一定要先了解清楚孩子间起争执的前因后果，分清是非对错，不要急着护短。

争执冲突是孩子交往活动中非常常见的一种现象，冲突的原因可能是孩子性格、认知和看待问题的角度不一样，也可能是出于模仿行为、竞争心理或物权归属以及语言表达能力的不同。

当孩子间发生争执的时候，祖父母先不要急着干涉，而是要相信孩子有解决问题的能力。孩子在与他人的交往中出现争执，他也会尝试着去协调和解决问题。也就是在尝试解决问题的过程中，让孩子学会了如何独立思考、怎样协商。对争执的处理还可以培养忍耐力，不断提升孩子的社交能力和经验。

假如孩子间产生的争执需要家长介入，也请家长记住要用宽容、理解、尊重和从旁协助的态度去处理问题，不要主动地代替孩子直接处理纠纷。同时，还要给孩子解释的机会，询问孩子解决问题的方法。

腾腾和康康是同学，两人都是性格比较调皮活泼的男孩子，平时两人也经常在一起玩儿，但有一次两人玩儿着玩儿着就起了争执，腾腾一个不小心推倒了康康，康康手臂擦伤被送去了医院。

康康是家里的宝贝，爷爷和爸爸知道后找到了学校。虽然对方的家长也赔了医药费，还让孩子道了歉，但康康家长还是觉得气不过，说话也很难听。腾腾爸爸想着自己已经赔了钱、道了歉，对方还不依不饶，火气也一下子也上来了，双方在学校直接就动起了手。最后学校报了警，警察把双方家长都带去了派出所，并对双方做出了拘留三日的处罚。

还不等双方家长从派出所出来，腾腾和康康已经和好，重新玩儿到了一起，甚至还在一起"吐槽"家长，说他们小题大做，一点儿也不冷静。

　　原本只是孩子间的一点儿小事，如果腾腾和康康的家长都能相互理解和宽容，事情也不至于发展到这种地步。其实，孩子间互相打闹出现摩擦是很正常的，只要不是故意欺凌，没有造成过大的身体和心理伤害，正确引导发生争执的孩子，事情都可以得到妥善的解决。

　　如果孩子间一发生争执冲突事件，家长就先急着冲出去并且采用粗暴激烈的方式，如斥责、打骂甚至耍赖、诬陷等，那么孩子就可能受大人的影响，也采用相同的方式来处理今后遇到的争执和纠纷，结果只会升级矛盾，让事情变得更加糟糕。

也有很多祖父母因为"隔辈亲"而过分偏袒自家的孩子，直接略过起争执事件的"真相"，即便是自己孩子先做错了，出于"护犊子"的心理，还是把所有矛盾的过错都推给别人或者周围环境，结果只会让孩子意识不到他的错误，变得没有责任感，也直接影响他今后的人际交往。

给祖父母的育孙建议

当孩子间发生争执时，祖父母要先控制好自己的情绪，告诉孩子"退一步海阔天空"。其次，不要直接介入孩子间的纠纷，更不可警告对方或实施惩罚，要和对方家长好好沟通。最后，不要把孩子间的争执矛盾和道德品行挂钩，而是要教会孩子学会豁达、宽容地对待别人。